KB089540

마음을 다스리는 다산의 6가지 철학

다산의 평정심 공부

다산의 평정심 공부

진규동 지음

마음을 다스리는 다산의 6가지 철학

베가북스
VegaBooks

목차

제7장
사회적 책무를 감당하라

글을
시작하며

세상이 급작스럽게 변해버렸다. 마치 하루아침에 딴 세상이 된 느낌이다. 일상 속에서 아무 생각 없이 서로 자유롭게 만나던 일들이 옛일이 되어버렸다. 미국에 출장 갔던 사위가 돌아오자마자 격리되어 2주간 꼼짝 못 하고 애들과 아내마저도 보지 못하는, 전혀 경험하지 못한 일들이 벌어지는 불안한 사회가 되었다.

이렇게 불안한 삶을 앞으로 어떻게 극복하여 평안하고 안정된 삶을 살 수 있겠는가 하는 문제가 이제는 개인뿐 아니라 국내외적인 문제, 곧 전 인류의 문제가 되어버렸다. 이제 서로의 지혜를 모아 함께 풀어가야 할 큰 과제가 된 것이다.

저자는 그동안 다산의 책을 연구하면서 18년 동안의 유배 생활 속에서 어떻게 평정심을 되찾아 유배를 초월하여 600여 권의 책을 저술하고, 독창적 학문을 창출하여 실학을 집대성했는지 궁금하였다. 왜냐면 지금의 상황이 급작스럽게 유배를 당해 언제 풀릴지 알 수도 없는 불안한 18년이란 세월을 보낸 것과 유사하기 때문이다. 바이러스 때문은 아니었지만, 하루아침에 유배되어 불안하고 고통스러운 시간을 보낸 상황이 어쩌면 지금과도 다를 바가 없지 않을까.

전혀 생각하지도 못한 불안한 위기 상황을 어떻게 극복하며 마음의 평정을 찾아 600여 권의 책을 저술하였을까? 이 해답은 바로 다산의 600여 권의 책 속에 숨어있다. 다산의 600여 권의 책은 바로 다산의 '지혜의 숲'이다. 지혜의 숲은 깊고도 깊다. 그 숲속을 거닐며 비록 200여 년 전이라 할지라도 오늘날 우리에게 필요한 지혜가 없을까 찾아보았다. 숲은 걷기만 해도 불안한 마음이 가라앉고 그동안 보지 못한 자신의 뒷모습이 거울에 비치는 요술 거울이다. 다산은 숲속에서 어떤 자신의 모습을 보았을까? 또 어떤 마음을 가졌을까? 어떻게 마음먹은 것들을 실천했을까? 이런 질문을 통해 다산의 지혜의 숲속에서 답을 찾았다.

다산의 6가지 철학

다산은 유배를 여가라며 '긍정의 마인드'로 자신을 스스로 위로하며 마음의 여유를 찾았다. 그리고 독서를 통해 못다 이룬 자신의 학문적 연구를 지속하면서 미처 보지 못한 4서 6경을 파헤쳤다. 다산은 독창적인 경학의 해석을 통해서 인간이 인간다워야 한다는 것을 새롭게 주장하였다. 그리고 그 바탕 위에 나라와 백성을 다스려야 한다며 1표 2서를 저술하였다.

유배라는 고통과 불안정한 상황은 자기 자신과의 싸움이었다. 끊임없이 자기 자신을 단련치 않으면 언제 어떻게 될지도 모르는 불안한 생활 속에서 다산은 자기계발에 주력하였다. 과골삼천(踝骨三穿), 즉 학문에 열중하느라 세 번이나 복사뼈에 구멍이 났을 정도로 다산은 책상다리로 꼼짝하지 않고 자기의 학문에 전념하였다. 세상은 그가 관료였을 때나 유배 온 지금이나 달라진 게 전혀 없었다.

백성들은 굶어 죽어가는데 조정은 민생에는 관심도 없고 오직 정권 유지에 여념이 없었다. 다산은 이런 고통 속에서 자식들과 '나눔'을 이야기하며, 세상을 걱정하며, 편지로 소통하며 아무리 작은 것이라 할지라도 서로 나누면 고통은 작아지고 행복은 커진다는 것을 강조하였다. 그리고 다산에게 '가족'은 불안한 삶을 위로해줄 가장 든든한 울타리였다. 다산은 부모·자식·가정·부부에 대하여 행복은 멀리 있지 않다고 하였다.

오갈 수는 없지만, 다산은 가족과 편지로 소통하고 서로의 정을 나누었다. 그리고 그런 가족의 정은 다산의 불안한 마음을 품는 그릇이었다. 특히, 자식들에 대한 사랑은 미안함과 더불어 폐족 때문에 자포자기하지 않고 어떻게 위기에서 벗어나 집안을 일으켜 세울 수 있는지 그 방법까지 가르치면서 위로하고 비전을 제시하였다. 그리고 다산은 늘 가까이 있는 것에 대하여 감사하며 유배를 초월하여 '즐거움'을 찾았다.

특히, '어사재기(於斯齋記)' 즉 '저것'보다 '이것'을 누리며 자기 자신을 지키는 것이 무엇보다 소중하고 어렵다는 교훈을 되새겼다. 다산은 유배 시절 가까이 있는 자연과 산천초목을 소재 삼아 시를 쓰며 즐겼다. 다산은 한평생 조선의 참지식인으로서 일희일비하지 않고 오직 한길 조선의 개혁과 백성들의 복리후생을 위해서 실학을 집대성한 '책무'를 감당한 실학자였다. 시대를 꿰뚫고 조선의 미래를 고민했고 백성을 생각했던 다산, 그는 진정한 조선의 지식인이었다.

불안하고 답답한 지금 우리가 무엇을 어떻게 하면 안정되고 평안한 삶, 즉 평정심을 되찾을 수 있을까 생각하며 다산의 지혜의 숲속을 거닐면서 찾은 다산의 6가지 철학은 지금 이 순간 그가 우리에게 준 실질적인 삶의 지혜이다.

시련을 지혜로

다산은 시련을 지혜로 승화시킨 것들을 생생하게 그의 지혜의 숲속에서 보여주고 있다. 논리나 관념적인 지식이 아니라 늘 백성들의 눈높이에서 주변 환경을 긍정적으로 바라보며 얻은 것들을 보여주고 있다. 자신이 가진 역량이 무엇인가를 성찰하며 지속적인 자기계발을 통하여 새로운 길을 닦은 다산이었다. 다산은 우리가 사회적 동물이기에 혼자서는 살 수 없어서 함께 나누고 함께 공유하면서 고통을 이겨내야 한다고 주장하였다.

특히, 다산은 '기예론(技藝論)'을 통해 아무리 성인이라 하더라도 천 명이나 만 명의 사람이 함께 의논한 것을 당해낼 수 없고, 아무리 성인이라 하더라도 하루아침에 그 아름다운 덕(德)을 모조리 갖출 수는 없다고 하였다. 이처럼 다산은 함께 나누고 함께 공유할 것을 주장하였다. 비록 200여 년이 지났으나 이러한 다산의 지혜는 여전히 우리에게 절실하다.

다산은 자연과 함께하며 숲속에서 즐길 거리를 찾아 창의적으로 불안을 해소하는 지혜도 발휘하였다. 다산은 유배지라는 제한된 공간과 불안 속에서도 스스로 긍정의 마인드로 꿈과 비전을 갖고 있었다. 즉 나라다운 나라, 백성이 주인 되는 세상을 꿈꾸었다. 죽어서라도 다산은 그 꿈이 이루어지길 바라는 마음으로 이 책을 저술하였다.

급변한 상황이 아무리 불안하고 암울해도 그 선택은 각자의 생각에 달려 있다. 자신이 그 상황을 자신의 상황으로 받아들이는 순간 사람은 그 상황에 얽매이게 된다. 그러나 그 상황을 극복한 사람은 그런 불안하고 암울한 상황에서도 내적 나침판으로 자신의 중심을 확실하게 잡는다. 나침반이 가리키는 목적지를 향해 자신만의 생존의 길을 닦게 된다. 다산은 개인의 고통과 아픔을 학문적으로 승화시켜 시대와 사회의 고통을 치유했고, 백성의 행복을 위해 지식인의 소임을 다하는 데서 자신의 행복을 발견했다. 그리고 우리는 여기에서 다산의 지혜를 발견하게 된다.

호화로운 벼슬길에서 하루아침에 유배당했지만 누구보다 자신의 현실을 긍정적인 사고로 받아들인 다산은 자신의 내적 나침판을 기반으로 18년 유배 생활의 불안과 암울한 상황을 극복한 위대한 미래 학자였다.

역경지수를 초월

역경지수(AQ, Adversity Quotient)는 냉철한 현실인식과 합리적 판단, 그리고 끝까지 역경과 맞서는 의지와 인내가 적절히 어우러져 있을 때 비로소 높아진다. 전혀 경험하지 못한 지금의 불확실한 상황을 극복할 수 있는 지표인 셈이다. 그런 의미에서 18년 유배의 불안한 삶 속에서도 본인 스스로 주체적으로 역경을 극복한 다산의 역경지수는 상상을 초월한다. 어떤 어려운 역경이 올지 예측하기 어려운 상황에서 다산의 역경지수는 불안한 미래를 대비할 수 있는 거울이다. 물이라곤 찾아보기 힘든 거친 사막에서 식물들이 살아갈 수 있는 것은 깊고도 길게 뻗은 뿌리 덕분이다. 사막 식물은 7~9m까지 그 뿌리를 땅속으로 뻗는다. 다산의 역경지수는 사막 식물의 뿌리와 같다. 다산의 뿌리는 시련과 고난의 사막에서도 시들지 않고 마침내 평정심의 열매를 맺을 수 있게 해 주었다.

저자는 다산박물관에서의 근무경험과 그동안 연구한 다산의 학문을 바탕으로 다산의 지혜의 숲을 탐구했고, 그의 지혜를 찾아냈다. 극한의 파벌싸움이라는 비극의 소용돌이 속에서 천주쟁이로 몰려 하루아침에 유배당한 다산은 현실을 직시하고 의연히 받아들였다. 불안한 마음을 추스르며 삶을 안정된 삶으로 승화시킨 다산의 모습은 말그대로 인간승리라고 할 수 있다. 다산은 600여 권의 책과 2,500여 수의 시를 통해 불안과 공포, 죽음과 이별, 가난과 굶주림 등 인간이 경험하게 되는 극한의 고통과 절망을 쏟아냈다.

이처럼 극심한 고통과 시련을 온몸으로 견뎌내야만 하는 비극적 상황을 어떻게 현실적으로 극복할 수 있었는지를 다산의 지혜의 숲에서 찾아보았다. 그 속에서 결코 꺾이지 않는 희망의 등불을 찾아 한 번도 경험하지 못한 코로나바이러스로 불안과 초조의 정서적 공황 상태에 빠져 있는 우리에게 희망의 메시지가 되길 바라는 마음으로 이 책을 엮었다.

다산등불지기로서 저자가 할 수 있는 실현 가능한 일이 무엇인가를 고민하면서 찾은 다산의 지혜가 여러분 모두의 삶에 평안과 안정의 등불이 되길 간절히 소망한다.

2021년 6월
화곡동 옥탑 서재에서

제

1

장

요동치는 파도 위,

조각배에서

새로운 사상과 문물이
혼재한 불안한 시기

다산 정약용(1762~1836년)은 영조, 정조, 순조 임금이 통치한 조선 후기를 살았다. 1392년부터 1910년까지 519년 동안 27명의 왕이 통치한 조선은 정치, 경제, 사회, 문화 등 왕권에 따라 요동치면서 우여 곡절 속에 500여 년 이상을 버티어왔다.

국내적으로 조선은 귀족 대 농·공·상민의 계급에 따른 차별의 극심함, 심각한 파벌에 의한 정치적 혼란, 백성들의 가난과 민생의 불만 팽배, 성리학의 학문적 모순 등으로 불안한 사회였다. 특히, 1592년(선조 25년) 일본 도요토미 정권이 침략하여 1598년까지 7년 동안 계속된 임진왜란과 1636년 12월 28일부터 1637년 2월 24일까지 조선과 청국 사이에 벌어진 병자호란으로 조선 전체가 황폐해지고, 국가 재정은 고갈되었으며, 백성들의 삶은 말할 수 없을 정도로 비참했다. 백성들은 부당하고 과중한 세금으로 가난에 쪼들렸고, 그에 따라 삶은 더욱더 피폐해져 조정에 대한 불만이 싹트고 있었다.

대외적으로는 봉건사회가 붕괴하고 도시가 생성되고 있었으며, 신대륙의 발견과 항해술의 발달이 이루어지고 식민지 경쟁이 격화되었다. 그리고 천문학을 위시한 각종 과학의 발달은 중세기 세계관을 근본적으로 파괴하였다. 한편 영국에선 입헌제도가 정립되었고, 1776년에는 미국에서 독립 선언문이 발표되었다. 그때 정조가 즉위했고 당시 다산은 15세였다. 한편 1789년(정조 13년) 다산이 문과에 급제했을 때는 대외적으로 프랑스혁명이 일어났다.

이렇게 국내외적으로 불안한 상황 속에서 영조가 자식인 사도세자를 뒤주 속에 가두어 죽이는 처참한 사건이 발생했다. 당파싸움이 극심한 가운데 다산과 정조는 우연히 사도세자가 죽은 해에 태어난 것이 인연이 되어 정조가 조선의 제22대 왕이 되면서 군신 관계를 맺었다. 정조는 오랫동안 노론이 권력을 독점해온 상황에서 자신이 왕이 되었음에도 힘을 쓸 수가 없었다. 그래서 정조는 핵심인재를 육성하여 미래 조선을 일으켜 세우려는 포부를 갖고 성균관을 설치하고 운영하였다. 이때 다산은 정조의 핵심인재로 발탁되어 성균관 시절부터 정조와 함께 조선의 개혁을 위해서 머리를 맞대고 국가적 프로젝트를 진행하기 시작하였다.

이후 다산은 정조의 총애 속에 유능한 청년 관료로서 여러 보직을 거치게 되었다. 31세 때는 수원성을 설계하였고, 건설에 거중기 등을 이용함으로써 많은 경비를 절약하여 정조로부터 칭찬을 받기까지 하였다. 그러나 34세 때는 천주교를 믿는다는 반대파들의 모함으로 금 정도찰방(金井道察訪)으로 잠시 좌천되기도 하였다. 36세에 반대파 들의 모함이 더욱 심해지자 이른바 자명소(自明疏)를 올리고 사직하 려 하였으나 정조는 그를 곡산도호부사(谷山都護府使)로 내보냈다. 38세에 다시 조정으로 돌아왔으나 극심한 당파싸움으로 반대파들로 부터 신변의 위협을 느껴 39세 되는 해 모든 관직을 버리고 낙향하였 다. 그리고 거처하는 집을 '여유당(與猶堂)'이라 명명하여 신중하기 [與]는 겨울에 내를 건너는 듯하고, 삼가기[猶]는 사방의 이웃을 두려 워하듯 살면서 조정에서 물러나 재야에서 살겠다고 다짐한다.

종교적으로는 유교와 천주교 신앙의 갈등이 극도로 노출된 시기였 다. 천주교는 17세기부터 조선에 전해 내려오기 시작하여 18세기 후 반 정조 시절에 천주교 신앙집회가 열리고 새로운 신앙공동체가 생 기면서 유교 전통을 고수하는 유학자들과 격심한 충돌을 일으켰다.

천주교는 양반 중심의 당파싸움과 파벌정치, 그리고 유교의 사회 적 폐단 때문에 백성들이 신물이 나 있었던 시기에 확산되었다. 그만 큼 백성들의 정신적 동요가 심화되고 있었다는 소리다. 그뿐 아니라 역사적으로도 서양 세력이 동아시아에 광범위하게 새로운 문물을 전 파해가고 있었던 때이기도 하다. 그러나 조선의 지도자들은 오직 조 선 사회의 유교적인 관습에 안주하여 서양문물을 폐쇄적으로 여겼 다. 이런 가운데 부패한 정권에 대한 불만이 쌓이고, 백성들은 서양의 새로운 문물과 종교에 관심을 가지게 되었다.

이러한 조선의 시대적 상황을 구체적으로 비판한 것이 바로 다산의 오학론이다. 다산은 오학론을 통해서 당시 조선 사회에 뿌리 깊이 내린 유교사회의 폐단을 구체적으로 적시하고 있다. 우선 성리학은 온 정력을 소모하면서 논의는 수천의 줄기와 가지로 뻗어 자기와 다른 주장을 하면 상대를 비난하고 동조자를 모아 심각한 분쟁을 야기한다고 하였다. 그리고 이보다 더 큰 문제는 진정으로 실생활에 필요한 학문에는 관심도 능력도 보이지 않는 것이라고 지적했다. 또 훈고학은 경전의 글자에 매이기보다 그것을 삶의 지표와 수양의 도구로 삼고자 출범한 학문임에도, 성리학이 그것을 왜곡하여 또 다른 이론만 양산하였다고 말했다. 문장학은 일정한 격식이 있는 것이 아니라 표현의 내용을 개성적인 문장에 담아낸 것인데, 춘추전국이 지나면서 내용은 뒷전이고 문장의 표현과 기교에만 몰두하고 있다고 하였다.

그리고 과거학은 허황하고 교묘한 말로 문장을 꾸며 벼슬길을 노리는 학문이라고도 하였다. 이 학문은 겉으로 보기에는 박식하고 의젓하나 마음에는 인간과 사회 역사에 대한 절실한 고민과 모색이 없는 부류들을 양산하고 있다고 했다. 그래서 학문은 퇴폐하고 나라는 병들어 간다고 한 것이다. 끝으로 술수학에 대해서는 재난을 피하고 복을 구하는 일에 동원된 술수와 풍수, 도교적 방술 등을 힘써 막아야 한다고 주장했다.

이처럼 다산은 조선 사회에 만연한 각종 제도와 관습에 대한 비판을 통하여 새로운 개혁의 당위성을 주장하였다. 그뿐만 아니라 폐쇄적인 시대 상황 속에서 서양의 종교와 문물을 적극적으로 수용하여 새로운 조선을 꿈꾸는 정조의 측근으로서 역할을 다하였다. 극심한 당파싸움 속에서도 정조의 측근으로서 천주교와 서학을 바탕으로 탁월한 창의성을 발휘하여 정조시대 르네상스를 꽃피우게 하는 데 기여했다. 하지만 1800년 6월 28일 정조의 갑작스러운 죽음과 함께 다산의 운명도 추풍낙엽이 되고 만다.

1801년, 천주교도들을 탄압한 신유사옥으로 수많은 남인 학자들이 죽임을 당하였다. 이때 다산의 셋째 형 정약종은 사형을 당하였고, 둘째 형 정약전은 신지도로, 다산은 경상도 장기로 유배되었다. 그리고 같은 해 10월 또다시 천주교 탄압에 대해 중국에 지원을 요청하려다 발각된 '황사영 백서 사건'으로 정약전은 흑산도로, 다산은 강진으로 유배를 당하였다. 새로운 사상과 문물이 혼재했던 불안정한 시기, 요동치는 파도 위 조각배 한가운데 서 있던 다산은 마침내 황량한 허허벌판에 내동댕이쳐진 채 18년의 유배 생활을 하게 되었다.

다산이 암행어사 시절에 백성들의 삶의 현장을 보고서 지은 시 한 수를 읽다 보면 당시 조선 사회가 얼마나 처참했는가를 알 수가 있다. 다음은 다산이 33세(1794년) 때 10월에 암행어사로 명을 받아 지금의 경기도 북부 지역인 적성, 마전, 연천, 삭령을 돌아보면서 흉년에 백성들의 피폐한 모습을 시로 엮은 것이다.

풀인 양 나무인 양 우리네 인생
물이며 흙으로만 살아간다네
힘껏 일해 땅의 털 먹고 살거니
콩과 조 그게 바로 적합하건만
콩과 조 진귀하기 주옥 같으니
혈기가 무슨 수로 기름질쏘냐
야윈 목은 늘어져 따오기 모양
병든 살결 주름져 닭가죽일세
(중략)
개돼지도 버리어 마다할 것을
사람으로 엿처럼 달게 먹다니
어진 정사 행하길 원치 않았고
사재 털어 구제도 헛소리였네
관가 재물 남이 혹 볼까 숨기니
우리가 굶주리지 않을 수 있나
관가의 마구간에 살진 저 말은
진실로 우리들의 피와 살이네
슬피 울며 관아문 나서고 보니
앞길이 캄캄하다 어디로 갈꼬
누런 잔디 언덕에 잠깐 멈추어
무릎 펴고 보채는 아기 달래다
고개 숙여 서캐를 잡고 있자니
두 눈에 피눈물이 왈칵 쏟아져

人生若草木　水土延其支
俛焉食地毛　菽粟乃其宜
菽粟如珠玉　榮衛何由滋
槁項頳鵠形　病肉縐雞皮
(중략)
狗彘棄不顧
乃人甘如飴　亦不願行仁
亦不願捐貲　官篋惡人窺
豈非我所羸　官廄愛馬肥
實爲我膚肌　哀號出縣門
眩旋迷路岐　暫就黃莎岸
舒膝挽啼兒　低頭捕蟣蝨
汪然雙淚垂

_굶주리는 백성들[飢民詩],
『다산시문집』제2권

권력의 무상함을
초월한 유배 생활 18년

1783년 2월 다산은 22살의 나이로 진사과에 합격하고 6년 후인 28살에 과거에 합격하여 정조의 총애를 한몸에 받았다. 다산은 규장각 월과문신, 예문관 검열, 사헌부 지평, 홍문관 교리, 경기 북부 암행어사, 승정원 좌부승지, 병조참의, 곡산부사, 동부승지, 형조참의 등을 지내며 정조의 핵심인재로 성장했다. 극심한 당파싸움 속에서도 천주교를 통한 새로운 세상을 발견하였고, 서학을 통해서 새로운 문물을 발견했다. 이를 바탕으로 정조와 함께 새로운 조선의 미래를 구상했다.

하지만 1800년 6월 28일, 정조의 갑작스러운 죽음과 함께 다산은 하루아침에 폐족이 되었다. 1801년 새로운 왕조의 출범과 동시에 천주교도들을 탄압하기 위한 임금의 명령으로 시작된 신유사옥은 수많은 남인 학자들을 처형했다. 이때 다산의 집안도 풍비박산되었다. 형 정약종은 사형을 당했고, 둘째 형 정약전과 다산은 유배를 당했다.

유배지 강진에 도착한 다산은 오갈 데 없는 신세로, 주막집 주모가 내어준 토방에 살아야 하는 토방살이 신세가 되었다. 이는 행여나 유배객이 들이닥칠까 봐 문을 걸어 잠그고 도망가버린 현지 사람들 때문이었다. 새로운 조선을 건설하기 위하여 정조의 개혁정치에 앞장서 오직 나라와 백성을 위해 일하던 다산은 이렇게 하루아침에 조선의 땅끝마을까지 내팽개쳐진 신세가 되었다. 백성이 백성답게 사는, 나라다운 나라를 만들자는 정조의 개혁정치에 앞장섰던 다산은 이렇게 죄인으로 몰려 오갈 데 없는 신세가 된 것이다. 알다가도 모를 일이었다. 다산은 그때의 심경을 시로 남겨놓았다.

아버지여 아시나이까 모르시나이까
어머님은 아십니까 모르십니까
가문이 금방 다 무너지고
죽느냐 사느냐 지금 이렇게 되었어요
이 목숨 비록 부지한다 해도
큰 기대는 이미 틀렸습니다
이 아들 낳고 부모님 기뻐하시고
쉴새없이 만지시고 기르셨지요
하늘 같은 그 은혜 꼭 갚으렸더니
생각이나 했겠습니까 이리도 못돼버려
이 세상 사람들 거의가
아들 낳은 것 축하 않게 만들 줄을

父兮知不知 母兮知不知
家門欻傾覆 死生今如斯
殘喘雖得保 大質嗟已虧
兒生父母悅 育鞠勤携持
謂當報天顯 豈意招芟夷
幾令世間人 不復賀生兒

_하담에서의 이별[荷潭別],
『다산시문집』 제4권

이 시는 1801년 3월에 강진으로 유배 가기 직전 경상도 장기로 가던 길에 충주에 있는 부모님 묘소에 인사드리며 지은 시이다. 내용은 이렇다.

한때 자식이 과거에 합격하여 왕의 총애를 받으며 잘 나가던 아들이었는데 가문이 다 무너져 이제는 폐족이 되어 목숨마저 죽느냐 사느냐 이렇게 되어버렸습니다. 이 목숨 비록 살아난다 해도 큰 기대는 이미 틀려서 낳고 기르시던 그 하늘 같은 은혜 갚으려고 했는데 이제는 이리도 못 돼버려 어이할까요.

부모님께 하직 인사를 하는 다산의 모습이 비통하기만 하다.

나라와 백성을 위해 정조와 함께 개혁을 펼쳤던 다산이었지만 막상 조정은 파벌싸움을 하느라 멍들어갔고 백성은 안중에도 없었다. 인생의 황금기인 중년은 강진에서 18년의 유배 생활로 다 보내게 되었다. 40세에 떠나서 57세에 돌아왔으니 인생의 황금기라고 할 수 있는 중년을 시련과 고난의 유배 생활로 보내게 된 것이다.

평탄하게 사는 것처럼 보이는 사람들도 알고 보면 늘 안정되고 행복한 것만은 아니다. 하물며 하루아침에 천당에서 지옥 같은 유배 살이로 낯선 곳에서의 생활은 얼마나 큰 고통이며 좌절일까 짐작이 된다. 그래서 인생을 고생의 바다라고도 한다. 천당에서 지옥으로 떨어진 다산의 고통은 무엇보다 살아남은 것에 대한 고통이었다. 천주교를 탄압한 신유사옥으로 초기교회의 지도자이던 매형 이승훈과 형 정약종이 사형을 당하였고, 지인들 역시 형장의 이슬로 사라졌다. 이런 고통이 유배를 떠나온 다산의 마음을 더더욱 고통스럽게 하였다.

그뿐만 아니라 정조의 총애로 막강한 권력을 누리며 국왕과 함께했던 자신이 한순간에 죄인 되어 주막집 토방에 갇혀 있는 신세가 너무나 고통스러웠다. 그리고 언제까지나 함께할 줄 알았던 수많은 친구와 지인들은 다산이 천주교로 박해를 당하자 등을 돌린 것은 물론 죽이려고까지 하였다. 이를 통해 깨달은 권력의 무상함은 다산을 더더욱 힘들게 하였다. 아무도 만날 수 없고 모든 네트워크가 단절된 어두운 토방의 고립무원은 유배 생활 속 절망이었다. 그리고 불안과 고통의 중심엔 역시 남은 처자식에 대한 근심과 걱정이 있었다.

넉넉한 살림살이도 아닌데 어느 날 갑자기 떠나 온 유배객 다산은 현실적으로 처자식들의 생계가 걱정이고 고통이었다. 자신의 몸 하나도 추스르지 못할 지경인데도 처자식의 모습이 눈 앞을 가리니 어찌 고통이 아니겠는가. 이런 시련과 고통의 유배 생활 속에서 다산은 어떻게 평정심을 찾았을까를 살펴보고, 오늘날 우리의 삶의 여정과 비교하며 타산지석으로 삼고자 한다. 다산이 1804년 3월 유배 간 지 3년째 쓴 시 '혼자 웃다[獨笑]'라는 시를 보면 그 당시 다산의 마음을 헤아려 볼 수 있다.

곡식 있어도 먹을 사람 없는가 하면
자식 많은 자는 배고파 걱정이고
높은 벼슬아친 꼭 바보여야 한다면
영리한 자는 써먹을 곳이 없지
온갖 복을 다 갖춘 집 적고
최고의 길은 늘 쇠퇴하기 마련이야
아비가 인색하면 자식은 방탕하기 쉽고
아내가 지혜로우면 사내는 꼭 어리석으며
달이 차면 구름이 자주 끼고
꽃이 피면 바람이 망쳐놓지
천지만물이 다 그렇고 그런 것
혼자 웃는 걸 아는 사람이 없네

有栗無人食 多男必患飢
達官必蠢愚 才者無所施
家室少完福 至道常陵遲
翁嗇子每蕩 婦慧郎必癡
月滿頻値雲 花開風誤之
物物盡如此 獨笑無人知

_혼자 웃다[獨笑],
『다산시문집』 제5권

31

불안한 시대를 극복한
다산의 6가지 철학

세상은 전혀 예상치 못할 만큼 빠르게 변화하고 있다. 4차 산업혁명은 그 변화의 물결을 더더욱 세차게 만들고 있다. 무엇보다 현대사회의 가장 큰 특징은 전혀 예측할 수 없는 급격한 변화와 불확실성으로 인해 불안한 사회가 되고 있다는 점이다.

독일의 사회심리학자 에른스트 디터 란터만은 현대사회의 불확실성이 현대인의 고질적 불안을 일으키고, 불안한 심리 상태가 급진화된 양태로 드러나고 있다고 주장하였다. 그리고 오늘날 현대인들은 대부분이 사회가 통제 불가능하고 불확실하며 과거보다 위험하고 혼란스럽다고 생각한다고 하였다.

이렇게 불안한 사회는 우리들의 삶의 기본마저도 파괴하고 있다. 동기심리학자인 에이브러햄 매슬로(Abraham Maslow)는 안전 욕구가 인간의 가장 근본적이고 필수적인 욕구라고 하였다. 인간은 자신이 불안감에서 헤어나 안전하다고 느낄 때 자신의 삶을 책임질 생각을 할 수 있기 때문이다. 하지만 다산은 유배라는 극한 상황 속에서 자신의 마음을 추스르며 자신이 처해 있는 상황에 감사하고, 자연과 소통하며 글과 시로 자신의 불안한 삶을 안정된 삶으로 이끌었다.

제4차 산업혁명시대로 갈수록 사회는 불확실해지고 있으며, 낯설게 느껴지는 세상의 혼돈을 감당하지 못하고 포기해버리는 사람들이 늘어나고 있다. 더구나 지금처럼 코로나라는 불확실한 바이러스가 온 세상을 뒤흔들어 버리는 상황은 전혀 인간들이 예상치 못한 상황이다. 세상의 규칙이라고 할지라도 이제는 이해도 인정도 할 수 없는 세상이 되어 버린 초불안사회이다.

그러나 현대사회의 불안한 삶 속에서도 분명히 어떤 사람은 열정적이고 적극적인 행동으로 최선의 결과를 얻어낸다. 어떻게 그럴 수 있을까? 나는 다산 선생을 만나면서부터 이런 의문을 제기하기 시작하였다. 그런데 그 의문이 200여 년 전에 있었던 일에 대한 의문이 아니라 현재 우리가 살아가고 있는 현실에 대한 의문이라는 생각이 들었다. 그래서 누구보다 실용적이었던 다산 선생께서 그 불안한 삶을 어떻게 안정된 삶으로 이끌었는가를 읽다 보면 지금 우리들의 상황을 보다 쉽게 이해하고 받아들일 수 있을 거라는 확신을 갖게 되었다.

다산등불지기로서 어떻게 하면 보다 쉽게 다산정신을 이해할 수 있도록 할까 하는 고민 속에서 「평생학습인 다산 정약용의 다산정신에 대한 탐구」라는 논문을 발표하고, 또 120여 차례 다산초당을 오르

내리며 다산과의 마음속 대화를 통하여 『다산의 사람 그릇』이라는 책을 엮으면서 다산의 깊고 깊은 지혜의 숲속을 헤매고 다니기도 하였다. 이런 가운데 다산등불지기로서 보고 듣고 읽고 느끼고 체험한 것을 바탕으로 유난히 나의 눈에 들어온 다산의 내적, 외적인 철학적 요소를 바탕으로 책을 엮었다.

이제 우리 개인들의 삶을 어떻게 안정으로 이끌어야 하는가 하는 문제는 개인만이 아니라 우리 사회 모두가 고민해야 할 문제이다. 불안한 삶 속에서도 일생에 600여 권의 책을 저술하여 오늘날 '다산학'이라는 독창적 학문의 위업을 남긴 다산이 추구한 삶의 철학을 일곱 장에 걸쳐 살펴보고자 한다.

첫 장에서는 우선 '난세의 개혁가 다산'의 불안한 삶의 여정을 되새기며 당시의 시대 상황, 그리고 다산이 한 인간으로서 어떤 험난한 고난을 겪게 되었는지를 살펴본다. 이 과정에서 자기상실감, 배신감, 고독감, 모욕감, 추락한 자존감 등의 위기 속에서 내면의 나침판을 통해 위기를 극복해 가는 한 인간의 모습을 들여다볼 수가 있다.

둘째 장에서는 '긍정'으로 본연의 모습을 찾아가는 다산의 모습을 찾아보았다. 칭찬은 고래도 춤추게 한다는 말처럼 긍정적인 마인드를 통해 지칠 대로 지치고 힘든 상황을 극복하기 위한 다산의 마음을 헤아려 보았다. 뭐든지 마음먹기에 달렸다고 하듯이 모진 불안과 고난 속에서의 다산의 마음과 우리의 마음을 견주어 보고, 그 차이를 배우고자 하였다.

세 번째 장 '자기계발'에서는 천재적 지식인 다산이 유배당한 것을 여가로 생각하며 자기성찰을 통해 그동안 세상일에 쫓겨 못다 한 자신의 학문적 연구는 물론, 새로운 조선의 개혁을 위해 노력한 일들을 살펴본다. 그리고 실용적 개혁서를 저술한 활동들을 통하여 오늘날 우리 사회에 어떻게 영향을 미치고 있는지 그리고 우리의 삶에 어떻게 적용해야 할 것인지를 살펴보고자 한다.

네 번째 장에서는 '나눔'으로 이성적인 다산이 아니라 감성적인 개혁가 다산의 면모를 살펴본다. 오늘날엔 모든 것이 이성적·합리주의적 상황에서 성과 위주로 평가된다. 하지만 그런 우리의 삶 속에서 다산의 나눔 정신은 메마른 대지에 단비가 내리듯 우리에게 정신적 단비가 되리라 본다.

다섯 번째 장은 '가족'에 대한 글이다. 우리 사회의 기본적 공동체인 가족의 소중함을 확인하고자 한다. 그리고 범사회적 공동체적 가족의 의미도 되새겨보고자 한다. 18년 기나긴 세월 격리된 고독함 속에서 가족과 만날 수도 없는 고통은 오늘날 코로나로 며칠도 참지 못해서 야단법석을 떠는 우리들의 삶을 되돌아보면서 가족의 소중함을 다시 한번 일깨우는 시간이 될 것이다.

여섯 번째 장에서는 '즐거움'을 다룬다. 언제 어떻게 죽을지도 모르는 불안한 삶일지라도 죽는 날까지 주어진 것에 감사하며 즐겁게 살다 죽겠다는 철학자 다산의 유유자적한 모습을 바라본다. 하루 한 시간도 여유 없이 살아가는 우리들의 삶을 되돌아보며 어떻게 살아야 할 것인가를 성찰하게 하는 글이다. 자연과 소통하며 시와 글로 노래하며 붓을 휘날리는 자연인 다산의 모습이 평화롭기만 하다.

　일곱째 장은 지식인 다산의 책무성, 즉 '책임감'에 대한 글이다. 다산은 "털끝 하나 성한 곳이 없는 조선은 나날이 피폐해져 개혁하지 않으면 망한다"라며 국가개혁서인 경세유표를 저술하였다. 다산은 조선의 지도자적 핵심인재로 나라와 백성을 위해 일했던 지식인이다. 유배당한 처참한 상황이었지만, 다산은 절대로 포기하지 않았다. 조선을 일으켜 세워야 한다는 일념으로 경학을 재해석하여 조선의 실학사상을 공고히 하였다. 또 경세학을 통하여 나라와 백성을 위한 개혁서를 저술하였다. 나라와 백성을 위한 책무성으로 역사 앞에 죄인이 아니라 누구보다 떳떳한 지식인 다산으로 남고자 몸부림쳤다.

　60세 회갑 때 쓴 자찬 묘지명에서 "6경과 4서로써 자기 몸을 닦고 1표와 2서로써 천하·국가를 다스리니, 본말(本末)을 갖춘 것이다. 그러나 알아주는 이는 적고 나무라는 이는 많으니, 만약 천명이 인정해 주지 않는다면 비록 한 횃불로 태워버려도 좋다."라며 나라와 백성을 위해 자신의 소임을 끝까지 다하였다고 쓰고 있다. 비록 실현하지는 못했으나, 글로써 '나라다운 나라, 백성이 중심인 세상'을 구상한 다산은 진정한 지식인으로서 책무를 다하였다.

몸을 움직이는 것, 말을 하는 것, 얼굴빛을 바르게 하는 것, 이 세 가지가 학문하는 데 있어 가장 우선적으로 마음을 기울여야 할 일이다.

_『유배지에서 보낸 편지』 중에서

제
2
장

긍정의 힘으로

나를 세우다

이제야 여가를,
긍정의 힘

용이 강진으로 유배되어 생각하기를 '소싯적에는 학문에 뜻을 두었으나 20년 동안 세상살이에 빠져 다시 선왕(先王)의 대도(大道)가 있는 줄을 알지 못하였는데 지금 여가를 얻게 되었다.' (중략). 그리하여 육경(六經)과 사서(四書)를 가져다가 침잠(沈潛)하여 탐구하고, 한위(漢魏) 이래로 명청(明淸)에 이르기까지의 모든 유자(儒者)의 학설로 경전(經典)에 보익이 될 만한 것은 널리 수집하고 두루 고증하여 오류를 정하고 취사하여 일가(一家)의 서(書)를 갖추었다.

_자찬 묘지명,
『다산시문집』 제16권

다산은 회갑을 맞이하여 자신의 삶을 되돌아보며 자찬 묘지명을 썼다. 특히, 그 가운데 어려웠던 유배 시절, 불안했던 삶을 초월하여 비교적 안정적으로 자신의 학문적 위업을 이룬 점에 대하여 상세하게 기록하였다. 다산은 "돌아보니 유배 이전 잘나가던 시절 학문에 뜻을 두었다고는 하나 20년 동안 이래저래 세상살이에 빠져 앞선 왕들의 훌륭한 정치가 있는 줄도 모르고, 언제까지나 정조의 핵심인재로 있을 줄로만 알았다"라고 회고하고 있다. 그런데 어느 날 하루아침에 이렇게 유배되어 오갈 데 없는 한심한 처지가 되었다. 그래도 조용히 생각해 보니 '이제야 여가를 얻게 되었구나'라는 마음에 분한 마음을 다스리며 평정심을 찾았다.

사람이라면 누구나 그 정도가 되면 별의별 생각이 다 들기 마련이다. 천주교를 믿었다는 이유만으로 하루아침에 역적 죄인이 되어 버린 현실이 너무나 억울하였으나 다산은 오히려 기회로 생각했다. 차분히 자신을 되돌아보며 역경 속에서 우주 만물의 생성 원리는 물론 삶 속에서 희로애락에 대한 분수를 되새겼다. 그리고 옛 선현들이 걸었던 큰길을 생각하고 분노와 억울함을 기회로 생각하며 긍정의 힘을 키우기 시작하였다.

다산이 유배지에서 쓴 『소학지언』과 『심경밀험』은 바로 이런 다산의 마음의 긍정의 힘을 키우는 텃밭이었다. 마음의 경전인 심경밀험을 펼치고 붓을 들어 머리말을 쓴 다산의 글을 살펴본다.

"나는 궁핍해서 일 없이 살면서 육경과 사서를 이미 여러 해 동안 탐구했는데, 하나라도 얻은 것이 있으면 설명을 달고 기록하여 간직해 두었다. 이제 그 실천할 방법을 찾아보니 오직 소학과 심경으로 여러 경전 가운데 아주 빼어났다. 진실로 이 두 책에 빠져서 행하되, 소학으로 언행을 다스리고, 심경으로 속마음을 다스린다면 어찌 성인의 길에 오르지 않을까. 지난날을 되돌아보니 나는 거꾸로 살았으므로 이제 노년으로 보답코자 한다.

소학지언은 옛 주석을 보완한 것이고 심경밀험은 내가 스스로 체험하여 스스로 경계하는 것이다. 지금부터 죽는 날까지 마음을 다스리는 데 힘쓰기로 마음을 먹으면서 4서 6경 연구를 끝맺는다."

아! 능히 실천할 수 있을까!

청나라 가경 을해(1815년) 5월 마지막 날, 다산동암에서 씀

_『심경밀험』, 정본 여유당전서

생각하면 생각할수록 고통스럽고, 자신의 모습이 처참하게 느껴졌다. 무엇보다 자신의 마음을 다잡는 일이 우선이었다. 그래서 6경과 4서를 공부한 것이다. 그리고 그중 무엇보다 마음속에 와 닿은 것은 자신의 처지를 헤아릴 수 있는 마음의 경전, 그 어느 경전보다 특출하고 빼어난 심경이었다. 그래서 붓을 들어 자신의 다짐을 휘둘러 써 내려간 것이다. 진실로 이 책에 빠져 행하되, 소학으로 외면을 다스리고, 심경으로 내면의 마음을 다스린다면 거의 현인의 길에 이르게 될

거라는 평안한 긍정의 마음의 글을 썼다.

15살에 결혼하고 22살에 성균관에 들어가서 원생들과 정조 임금과 함께하면서 학문의 폭을 넓힌 다산. 28살에 과거에 합격하여 드디어 정조의 핵심인재로 측근으로 일하면서 반대파들로부터 시기와 질투도 많이 받았던 다산! 나라와 백성을 중심에 두고 새로운 조선을 꿈꾸는 정조의 국가적 프로젝트에 매니저급으로 참여한 다산! 유네스코 세계 문화유산으로 등재되어 세계적 건축물로 인정받고 있는 수원화성을 설계하고 건축한 다산! 누구보다 과학적이고 창의적인 생각으로 조선의 개혁을 선도했던 다산이었지만, 이제는 폐족이 되어 시련과 고난의 유배 생활을 해야 하는 다산으로서는 그 어느 때보다 평정심이 절실했다.

불안과 공포의 불확실한 유배 생활 속에서, 다산에게는 자신을 다스리며 헤쳐갈 수 있는 긍정의 마음이 필요했다. 그래서 심경을 펼쳐 들고 "앞으로 내내 평생을 되돌아보며 이제로부터 죽는 날까지 마음을 다스리는 일에 힘을 다하여 경전을 공부하는 일을 심경으로 맺는다"라고 하였다. 절망이 아닌 소망으로, 긍정의 마음으로 지난 삶에서 잘못된 부분들을 노년에 은혜로 보답하겠다는 비전까지 세웠다.

고난은 누구에게나 닥치는 과정이다. 하지만 그 과정을 어떻게 어떤 마음으로 받아들이는가에 따라 결과는 천차만별이다. 다산은 이미 책을 통해서 이를 알았기에 그 시련과 고통의 시간을 자신의 여가로 생각하며 긍정의 마음으로 돌릴 수 있었다. 그리고 시련과 고통을 초월 기회로 생각하는 긍정의 힘으로, 열악한 유배지 강진에서 불안한 마음을 다스리며 평안하고 안정된 마음으로 지냈다. 그 결과 못다 한 학문을 익히며 18명의 제자를 육성한 것은 물론, 그 제자들과 함께 600여 권의 책을 저술하고 이를 통하여 오늘날 '다산학'이라는 위대한 학문적 위업을 남길 수 있었다.

스스로 할 수 있다고 긍정적으로 노력해도 실패할 수 있다. 그것이 인생이다. 하지만 할 수 없다고 부정적으로 생각하면 그 어떤 것도 도전할 수 없으며 성공할 수도 없다. 어떠한 상황에서도 자신의 가능성을 믿고, 누리고 있는 것을 즐기며 긍정의 마음으로 대하는 것이 위기를 기회로 만드는 가장 소중한 첫걸음이 될 것이다. 다산은 이 모든 것을 이미 알고 있었다.

긍정의 샘터
사의재 골방

1801년 다산의 나이 40세, 급작스런 정조의 죽음은 곧 다산의 몰락으로 이어졌다.

다산을 눈엣가시처럼 여겼던 조정의 반대파들은 정조가 죽자마자 11세의 순조를 앞세워 대왕대비 정순왕후가 수렴청정을 하도록 만들었다. 노론 벽파에 속한 가문의 대왕대비 김씨는 정조의 장례를 마치기가 무섭게 반대파인 시파를 조정에서 축출하기 위하여 천주교도들을 탄압하였다.

1801년 1월에는 오가작통법을 통하여 천주교 신자들을 일망타진하도록 하였다. 금교령이 내려진 지 한 달 만에 천주교 신자로 지목된 이가환, 이승훈, 정약용, 홍낙민, 권철신, 정약종, 정약전, 이기양 등이 잡혔고 정약종, 최창현, 최필공, 홍교만, 홍낙민, 이승훈 등은 모두 서소문에서 참수되었다. 그리고 이가환, 권철신은 고문 끝에 감옥에서 죽게 되었다. 정약용과 정약전은 다행히 죽음을 면하여 각각 경상도 장기현과 전라도 신지도로 유배를 당하였다. 이것이 바로 신유옥사이다.

하지만 이것으로 끝나지 않았다. 그해 10월 극심한 조선의 천주교 탄압에 대하여 중국에 지원을 요청한 '황사영 백서 사건'이 발발하여 또 한 번 회오리바람이 몰아치게 되었다. 다산의 처조카인 황사영은 대역부도의 죄로 서소문 밖에서 능지처참을 당했고, 다산과 형 정약전은 유배지에서 다시 불려와 심문을 당하였다. 죄는 발견되지 않았으나 천주쟁이라는 이유만으로 다산은 강진으로, 형은 흑산도로 유배를 당하였다. 신유옥사와 황사영 백서 사건으로 천주교 신자들 300여 명 이상이 희생되었다.

일순간에 청천벽력 같은 일들이 한꺼번에 몰아친 격동의 시간 속에 다산은 거친 폭풍우 앞에 놓인 한 조각의 나룻배였다. 유배를 당하여 추운 동짓달 다산은 나주 율정 삼거리에서 둘째 형 정약전과 피맺힌 이별을 하고 강진에 도착하였다. 이때의 심정을 다산의 시를 통해 엿볼 수 있다.

초가 주점 새벽 등불 깜박깜박 꺼지려 하는데
일어나서 샛별보니 아! 이제는 이별인가
두 눈만 말똥말똥 나도 그도 말이 없이
목청 억지로 바꾸려니 오열이 되고 마네
흑산도 머나먼 곳 바다와 하늘뿐인데

그대가 어찌하여 이 속에 왔단 말인가

고래는 이빨이 산과 같아

배를 삼켰다 뿜어냈다 하고

지네 크기 쥐엄나무만큼 하며

독사가 다래덩굴처럼 엉켜 있다네

(생략)

茅店曉燈靑欲滅　起視明星慘將別

脉脉嘿嘿兩無言　强欲轉喉成嗚咽

黑山超超海連空　君胡爲乎入此中

鯨鯢齒如山　　　吞舟還復嘆

蜈蚣之大如皂莢　蝮蛇之䊸如藤蔓

(생략)

_율정에서의 이별[栗亭別],

『다산시문집』제4권

　　북풍한설이 몰아치는 동짓달 기나긴 유배길을 형님 정약전과 함께 오다가 나주 율정삼거리 주막집에서 하룻밤을 눈물로 보내고 돌아선 다산. 어쩌다 이리도 풍진 세상을 만나서 혼자도 아닌 두 형제가 이렇게 고난의 행군을 하면서 이곳까지 왔는지 가슴을 치고 땅을 쳐도 소용이 없었다. 뒤돌아서 월출산 누리재를 넘어오니 강진 땅이다. 오 갈 데 없는 신세로 내동댕이쳐진 유배객 다산은 이곳저곳 머무를 곳을 찾건만 머무를 곳이 없었다. 고대광실 조정살이에서 이렇게 하루 아침에 길거리 거렁뱅이로 전락해버린 다산의 모습이라니, 상상만 해도 기가 찰 노릇이다.

반겨주는 사람 없는 남쪽 끝 강진에 도착한 다산은 한양 죄인이라는 소문이 번개처럼 번지니 보는 사람마다 독사를 보듯 까무러쳐 도망치고 누구 하나 말 상대가 없었다. 다산은 상례사전 서문에 "그곳 백성들은 유배된 사람 보기를 마치 큰 해독처럼 여겨서 가는 곳마다 모두 문을 부수고 담장을 허물어뜨리면서 달아나버렸다. 그런데 한 노파가 나를 불쌍히 여겨 자기 집에 머물게 해 주었다. 이윽고 나는 창문을 닫아걸고 밤낮 혼자 오똑이 앉아 있노라니, 함께 이야기할 사람이 없었다."라고 하였다.

왁자지껄 동호회를 구성하여 시를 지으면서 함께 즐겼던 한양에서의 시절, 정조와의 만남을 통해 미래 조선의 개혁을 구상하던 시절, 암행어사 시절, 황해도 곡산부사 시절, 그리고 극심한 당파싸움 속에서 정신없이 살아온 시절이 다산의 눈앞에 주마등처럼 지나갔다. 땅끝마을 주막집에서 사방천지 네트워크가 단절된 상황은 그야말로 절망 그 자체였다. 다산의 머릿속은 텅 비어 있었다. 오직 주막집 구석진 골방에 어두운 자신의 모습만이 눈에 비쳤다. 다산은 그런 자신의 모습을 바라보며 아무리 천하고 어려운 처지라 할지라도 살아남아야 한다고, 처자식을 위해서라도 이렇게 쓰러질 수는 없다고 생각했다. 다산은 몸을 들어 새로운 다짐을 하며 긍정의 새싹을 키웠다. 그 다짐을 쓴 글이 바로 '사의재기(四宜齋記)'이다.

사의재(四宜齋)라는 것은 내가 강진에 귀양 가 살 때 거처하던 집이다. 생각은 마땅히 담백해야 하니 담백하지 않은 바가 있으면 그것을 빨리 맑게 해야 하고, 외모는 마땅히 장엄해야 하니 장엄하지 않은 바가 있으면 그것을 빨리 단정히 해야 하고, 말은 마땅히 적어야 하니 적지 않은 바가 있으면 빨리 그쳐야 하고, 움직임은 마땅히 무거워야 하니 무겁지 않음이 있으면 빨리 더디게 해야 한다.

이에 그 방에 이름을 붙여 '사의재'라고 한다. 마땅하다[宜]라는 것은 의롭다[義]라는 것이니, 의로 제어함을 이른다. 연령이 많아짐을 생각할 때 뜻한바 학업이 무너져 버린 것이 슬퍼진다. 스스로 반성하기를 바랄 뿐이다.

_사의재기,

『다산시문집』 제13권

시련과 고통의 불안한 시간 속에서 소망 없이 지내다가 사약이나 받고 죽을 것인가, 아니면 죽는 날까지 나의 나됨을 펼치면서 죽을 것인가. 처절한 시간 속의 갈등이었다. 하지만 다산은 사의재기를 통하여 자신의 마음속 생각을 정리하였다. 다산은 자신의 생각을 실천하기 위해 유배지 주막집 한모퉁이 토방에서 외모, 말, 행동에 대한 규칙을 세웠다. 거친 폭풍우가 지나고 난 후 잔잔한 마음으로, 죽는 날까지 지키기 위해 세운 규칙이었다.

이를 계기로 다산은 자신의 학문을 통해 아전의 자식들을 가르치면서 억울하고 분한 마음을 글 속에 파묻기 시작하였다. 그리고 그 파묻은 글 속에서 소망이 생겼다. 그것은 자신이 학문을 전수한 제자들의 모습이 나날이 달라졌기 때문이다. 다산은 몇 훗날 조선에서 이름을 떨친 황상이라는 제자를 배출하게 되었다.

오갈 데 없는 초라한 토방에서 사의재기를 통하여 절망 속에서 소망의 싹을 키웠다. 절망 속에서 긍정의 힘으로 자신을 추스르며 나라와 백성을 위해서 일하겠다던 청년 다산의 꿈을 되살려낸 소망의 등불이었다.

이러한 다산의 모습은 오늘날 어려운 상황이 닥치면 쉽게 포기하며 불만을 가지고 살아가는 우리의 모습을 다시 한번 되돌아보게 하는 긍정의 메시지이다. 결국은 아무리 힘들고 어려운 상황일지라도 자신이 감당해야 할 일이기에, 다산은 자신의 생각을 현 상황에 맞도록 비워두었다. 외모 역시 천한 모습일지라도 옛 품위를 잃지 않았고, 말 역시 주막집 잡부들처럼 어울려 함부로 하지 않았고, 행동 역시 아전들처럼 가볍게 하지 않고 선비답게 처신했다.

누군가 우리는 행복해지려고 마음먹은 만큼 행복해질 수 있다고 하였다. 우리를 행복하게 만드는 것은 우리를 둘러싼 환경이나 조건이 아니라, 늘 긍정적으로 세상을 바라보며 아주 작은 것에서부터 행복을 찾아내는 자신의 생각이라는 것이다. 다산의 사의재기는 절망에서 긍정의 새싹을 키운 샘터였다.

폐족의
위기를 기회로

사람이 사람 노릇을 할 수 있음은 인륜이 있기 때문이고, 나라가 나라일 수 있음은 교화가 있기 때문이다. 오늘날 사학이라고 말해지는 것은 아비도 없고 임금도 없어 인륜을 파괴하고 교화에 배치되어 저절로 짐승이나 오랑캐에 돌아가 버린다. 엄하게 금한 이후에도 개전의 정이 없는 무리들은 마땅히 역률에 의거하여 처리하고, 각 지방의 수령들은 5가작통(五家作統)의 법률에 따라 그 안에 만약 사학의 무리가 있다면 통장은 관에 고하여 처벌하도록 하되, 마땅히 코를 베어 죽여서 씨가 남지 않도록 해라

_『순종실록』 원년 1월

정조가 죽고 새로운 왕조가 들어서면서 노론이 천주쟁이들을 탄압하기 위해서 왕명으로 내린 명령서 내용이다. 코를 베어 죽여서 씨가 남지 않도록 하라는 무시무시한 명령이다. 이렇게 살벌한 상황 속에

서 발생한 신유옥사로 형제가 능지처참을 당하고, 친구들이 죽고 자신과 둘째 형까지 유배를 당하게 되었다. 엎친 데 덮친 격으로 황사영 백서 사건으로 천주교도들에 대한 탄압은 더욱 심하였고, 다산과 둘째 형 정약전도 유배지에서 다시 불려와 심문을 당하였다. 다행히 죽을 고비는 넘겼으나 다시 유배를 가니 다산은 강진으로, 형은 흑산도로 유배길에 오르게 되었다.

다산의 집안은 천주교로 인하여 완전히 멸문을 당하고 폐족이 되었다. 말 그대로 풍비박산된 것이다. 죽지 못해 사는 다산이었다. 하지만 다산은 청년 시절 품었던 청운의 꿈을 버릴 수 없었다. 비록 폐족으로서 내일이 없다고 할지라도 희망마저 버릴 수는 없었다. 자신도 자신이지만 두고 온 처자식에 대한 안타까움은 칼로 살을 베는 듯했다. 어린것들을 두고 온 아비의 마음을 편지로 달래가면서 두 아들에게 긍정적인 희망의 편지를 썼다.

이대로 죽는다면 남는 것은 오직 재판 결과뿐이며, 자신은 영원히 죄인으로 남을 뿐이라고 생각한 다산은, 자신은 물론 자식들에게도 더욱더 희망의 기운을 불어넣어야 했다.

오늘날 높은 벼슬의 훌륭한 집안 자제들이 벼슬을 통해 가문의 명성을 계속하는 것은, 어리석은 사람이라 하더라도 누구나 할 수 있는 것이다. 너는 지금 폐족(廢族)인데 만일 그 폐족의 처지를 잘 대처해서 본래의 가문보다 더 귀하게 한다면, 또한 기특하고 아름다운 일이 아니겠느냐. 그 폐족의 처지를 잘 대처한다 함은 무엇을 두고 하는 말이

가. 그것은 오직 독서하는 것 한 가지뿐이다. 이 독서야말로 인간의 제일가는 깨끗한 일[淸事]로서, 호사스러운 부호가의 자제는 그 맛을 알수 없고 또한 궁벽한 시골의 수재(秀才)들도 그 오묘한 이치를 알 수 없다. 오직 벼슬아치 집안의 자제로서 어려서부터 듣고 본 바가 있고 중년에 재난을 만나 너희들 처지와 같은 자라야 비로소 독서를 할 수 있는 것이다. 이는 저들이 독서를 하지 못한다는 것이 아니라, 뜻도 모르고 그냥 읽기만 하는 것은 독서라고 이름할 수 없기 때문이다.

_두 아들에게 부침, 임술(1802, 순조 2년) 12월 강진의 유배지에서,
『다산시문집』 제21권

폐족으로 전락해버린 다산의 집안은 과거시험은 물론 관직에 발을 붙이지 못하게 되어버렸다. 그래서 아비로서 자식들에게 너무나 미안했다. 유배 온 처지에 무엇 하나 돌봐줄 수도 없는 신세가 되었으니, 오직 할 수 있는 것이라고는 자신이 배우고 익힌 학문적 지식을 전달하는 것뿐이었다. 고민한 끝에 다산은 유배지에서 편지를 쓰기 시작하였다.

위 내용은 유배 간 지 2년째 되던 해에 두 아들에게 보낸 편지 내용 중 일부이다. 비통한 마음이지만 오히려 폐족의 위기를 기회로 잘 활용해서 본래의 금수저 때보다 더 가문을 빛낼 수 있다면 얼마나 기특하고 아름다운 일이냐며 자식들에게 긍정적인 메시지를 전하고 있다. 꿈과 비전을 심어주고 있다. 하루하루가 불안한 유배지에서 자식에

대한 애정은 더욱더 깊어만 갔다. 어떻게 해서든 자식들이 잘못된 길을 걷지 않도록 자신보다 오히려 자식 걱정이 먼저였던 다산이었다.

다산은 유배를 여가로 생각하고, 자신의 환경을 즐거운 학문의 도장으로 가꾸어 가며 자식들에게 희망의 메시지를 전하고 있다. 책을 저술하며 강진읍내에서 아전의 자식들을 모아 가르치기 시작하였다. 폐족의 위기 극복을 위한 구체적인 실천 방법까지 가르쳤다. 독서가 인간의 제일가는 깨끗한 일로서, 금수저를 물고 태어나 호사스럽게 사는 자제들은 그 맛을 알 수 없으며 중년에 재난을 만나 흙수저의 입장에 처한 자라야 비로소 독서를 할 수 있다고 하였다. 폐족이지만 마음먹기에 따라 위기를 기회로 만들어 갈 수 있다며 자신감도 불어넣고 있다. 그뿐만 아니라 더욱더 정씨 문중을 빛나게 할 수 있다는 비전까지 제시하고 있다.

끝이 보이지 않고 전혀 희망이 없는 상황에서도 희망의 끈을 부여잡고, 할 수 있다고 간절하게 당부하는 아비로서의 다산의 모습은 오늘을 살아가는 우리들에게 뒤를 돌아보게 한다. 하루아침에 세계가 전혀 다른 모습으로 변하고 있다. 자유스럽게 오가던 하늘길이 막혀 마음대로 오가지도 못하고, 함께 희희낙락하던 우리들의 만남도 서로가 경계하는 불안한 만남이 되었다. 급격한 변화 속에 사람들은 불안해하고 있다. 하지만 다산은 기약 없는 어두운 터널 속에서도 가족에 대한 희망의 끈을 놓지 않고 오히려 기회로 생각하였다. 21세기 불확실한 시대, 위기를 기회로 삼은 다산의 지혜는 지금도 유효하다.

긍정의
언어로 소통

　세계적인 경영 컨설턴트 켄 블랜차드(Ken Blanchard)가 쓴 『칭찬은 고래도 춤추게 한다』라는 책은 한때 전 세계적인 베스트셀러로, 칭찬이 가져다주는 긍정적인 변화와 인간관계, 그리고 동기부여 방식 등을 재미있는 이야기로 풀어쓴 책이다. 이 책은 긍정적인 말이 주는 긍정적인 효과를 보여준다. 실제로 어떤 과제를 잘 했다고 칭찬을 받으면 다음번에는 더 잘 해낸다는 사실이 실험으로 확인되었다.

　200여 년 전 다산은 이런 사실을 꿰뚫었던 것처럼 자신의 저서를 통해서 '말'에 대해서 이야기하고 있다. 백성들의 죽고 사는 문제를 쥐고 흔들어 대는 목민관들을 어떻게 하면 진정한 목민관으로 만들 것인가, 어떻게 주인 되는 백성을 백성답게 대우하도록 할 것인가를 고민하면서 『목민심서』를 저술하였다. 다산은 『목민심서』에서 목민관이 사용하는 언어(말)에 따라 고을 백성들을 기쁘게도 하고 노여워하게도 한다고 하였다.

백성의 윗사람이 된 자는 한 번 동작하고 한마디 말하는 것을 아랫사람들은 모두 엿들어 살피며 추측하여, 방에서 문으로, 문에서 읍으로, 읍에서 사방으로 새어나가서 한 도(道)에 다 퍼지게 된다.

　(중략)

　수령이 한 악인을 보고 꾸짖기를,

　"이 지방 인심은 순박한데 네가 어지럽히니 그 죄 더욱 중하다." 하면

　뭇사람들이 모두 기뻐할 것이요,

　수령이 한 악인을 꾸짖기를,

　"이 지방 인심이 아주 악하더니 이 같은 일이 생겼구나." 하면,

　뭇사람이 노여워할 것이다.

_목민심서 율기(律己) 6조,

제1조 칙궁(飭躬)

　『목민심서』는 목민관이 백성을 위해 일하도록 방향을 제시하는 복무지침서이다. 모두 12편으로 1은 부임(赴任), 2는 율기(律己), 3은 봉공(奉公), 4는 애민(愛民)이요, 그다음 차례차례로 육전(六典)이 있고, 11은 진황(賑荒), 12는 해관(解官)이다. 12편에 각각 6조(條)의 조항으로 모두 72조로 되어있다. 위에서 본 율기는 자신을 가다듬는 일로 '자신을 다스리고, 가정을 돌보고, 나라를 다스리며, 천하를 평정한다'는 것이다. 자신의 행동을 바르게 하는 것을 근본으로 삼는 만큼, 목민관이 해야 할 일을 자신의 몸가짐을 가다듬는 일부터 은혜를 베푸는 일까지 6조로 나누어 논하고 있다.

여기서 칙궁(飭躬)은 자기 몸가짐을 가다듬는 일이다. 일상생활을 절도 있게 하고, 복장을 단정히 하고 백성에게 임하는 등의 일, 그리고 일하면서도 틈이 나면 정신을 다하여 백성을 위한 대책을 세우는 일, 말을 많이 하거나 발끈 성내지 않는 일, 아랫사람을 너그러이 대하는 일, 조정의 도리나 몸가짐을 엄숙히 하는 일, 신중하게 몸차림과 몸가짐을 지키는 일, 주색과 연회를 삼가는 일, 백성과 함께 풍류를 즐기는 일, 관내를 돌며 백성들에게 어려움을 묻고 민생을 살피며 위로하는 일, 시(詩)나 바둑으로 세월을 보내고 정사는 아전에게 맡기는 폐단, 일을 줄이고 요령만 지키는 일 등에 대해 구체적으로 사례를 들어 밝히고 있다.

밤말은 쥐가 듣고 낮말은 새가 듣는다는 말처럼 목민관의 말 한마디는 아랫사람들이 모두 엿듣고 추측하여, 방에서 문으로, 문에서 읍으로, 읍에서 사방으로 새어나가서 고을 전체에 퍼지게 된다고 하였다. 그러니 늘 삼가며 조심하라고 하였다.

특히, 잘못을 나무라면서도 긍정적인 언어를 사용하도록 예시를 들어 설명하고 있다. 즉, 수령이 잘못한 사람을 보고 꾸짖으면서 "이 지방 인심은 순박한데 네가 어지럽히니 그 죄 더욱 중하다." 하면 모든 사람이 기뻐할 것이며, "이 지방 인심이 아주 악하더니 이 같은 일이 생겼구나."라고 말하면 모든 사람이 노여워할 것이라고 하였다.

다산은 꾸중하는 방법에 대한 전문가적 식견을 갖고 있었다. 즉, 잘못한 사람의 행동에 대해서만 야단을 치도록 한 것이다. 지방의 인심을 탓하지 않고 행동한 잘못을 저지른 악한 사람에 초점을 맞추어 죄를 묻도록 한 것이다. 자칫 잘못하면 악한 사람의 잘못된 행동이나 말을 야단치는 것이 아니라 지방 전체를 몰아서 안 좋게 이야기하게 된다는 것이다. 그렇게 되면 자신이 다스리는 백성들에게 큰 상처를 입히게 된다고 하였다. 그러므로 야단을 칠 때라도 잘못된 행동에 대해 지적하고 목민관은 진정성 있게 백성들을 위한 마음으로 사랑하고 있다는 것을 느끼도록 해야 한다는 것이다.

특히, 다산은 제자들을 가르칠 때도 그들의 부족한 점을 오히려 장점으로 보아 칭찬했다. 그러자 제자들은 의기소침하지 않고 최선을 다하여 학문에 매진할 수 있었다. 그중에 제자 황상에 대한 이야기는 지금도 우리에게 시사하는 바가 크다.

내가 다산(茶山)께 글을 배우기 시작한 지 7일째였다. 선생께서 문학(文學)과 사학(史學)을 익히라는 글을 주셨다. 나는 조심하고 삼가며 부끄러워하는 얼굴빛으로 말씀드렸다. "나에게는 결점이 세 가지나 있습니다. 첫째는 둔함이요, 둘째는 막힘이요, 셋째가 어긋남입니다."라고 말했다.

선생께서는 배우는 사람에게는 매우 큰 결점이 셋이 있는데 너는 그것이 없다. 첫째, 기억하거나 암송하는 일에만 힘쓰면 그 병통과 폐단은 업신여기기 쉽다. 둘째, 남의 학설을 설명하는 일과 새로운 학설을 내세우는 일에만 왕성하면 그 병통과 폐단은 덧없게 된다. 셋째, 깨닫고 푸는 일에만 빠르면 그 병통과 폐단은 허황하게 된다. 무디어도 뚫으려고 하는 자는 그 구멍은 넓고 커진다. 막혔어도 통하게 하는 자는 그 흐름이 빠르게 된다. 어긋나도 문지르는 자는 그 빛이 윤기가 난다. 세 가지 부지런함(三勤)으로 하면 된다.

_삼근계, 황상 『치원유고』

　둔하고, 융통성이 없고, 답답하다는 제자 황상의 이야기를 들은 다산은 제자에게 "그런 소리 마라. 오히려 너는 배우는 사람들이 가진 병통을 그것으로 덮을 수 있으니 오히려 잘 되었다"라고 다독이면서 학문의 열기를 북돋우는 다산의 모습이 너무나 다정스럽다. 외우는 데에 민첩하다 보면 그 폐단이 소홀한 데가 생기고, 글쓰기에 날래면 그 폐단이 들뜨게 되고, 깨달음이 빠르면 그 폐단이 거칠단다. 오히려 둔하지만 들이파면 그 구멍이 넓어지고, 막혔던 것이 터지면 그 흐름이 원활하고, 답답한데 연마하면 그 빛이 더욱더 빛이 난다고 제자에게 힘을 주는 다산의 마음이 우리에게 필요한 지혜가 아닌가 싶다.

　말의 영향력은 엄청나다. 말 한마디에 천 냥의 빚을 갚는다는 말처럼 말을 잘 하면 의외의 결과를 가져올 수도 있지만, 만약 잘못 사용하면 모든 것을 허망하게 태우는 지옥불과 같으며 쉬지 않고 죽이는 독과 같다. 불행하게도 한번 내뱉은 말은 거두어들이고 싶어도 거두어들일 수가 없다. 유감을 표명하고 사과는 할 수 있지만 일단 내뱉은 말을 안 했던 것으로 할 수는 없다. 자신은 물론 주변 사람 모두 불안정한 상황에 놓여 있는 이때 긍정적인 말로 서로를 격려하고 주변의 이웃을 위로하는 말을 나눈다면 안정에 도움이 될 것이다.

한류로 세계적인 열풍을 자아내고 있는 BTS(방탄소년단)가 제75차 UN총회에서 코로나19 시대에 희망을 잃지 말자며 한 연설은 우리 모두에게 힘과 용기를 주는 메시지였다. 멤버 지민은 "모든 게 무너진 것만 같았고 할 수 있는 건 창밖을 내다보는 것뿐"이라고 고백했다. 하지만 그때 동료들이 손을 잡아주고, 함께 토닥이며, 무엇을 같이 할 수 있을까 이야기를 나누며 힘을 주었다고 했다.

지금의 상황이 답답하고 우울할수록 자기 자신을 아껴줘야 한다는 점도 강조했다. 다산은 "가장 중요한 건 자기 자신을 아껴주고, 격려해주고, 가장 즐겁게 해주는 일"이라고 하였다. 그러면서 마지막으로 서로 의지하며 함께 살아가자는 메시지를 전했다. 달빛마저 없다면, 서로의 얼굴을 불빛 삼아 나아가자고 하였다. 서로 긍정의 메시지로 힘을 모을 때이다.

나는 행복한
늙은이라네

　다산은 1818년 유배가 풀려 고향인 경기도 남양주로 돌아와 18년을 살았다. 75살에 숨을 거둘 때까지 붓을 놓지 않았다. 다산이 일흔에 이르자 이제는 몸이 늙어 대머리가 되고, 이빨이 다 빠지고, 눈이 안 보이고, 귀가 먹어 들리지 않았다. 다산은 그것을 한탄하지 않고 한 구절 한 구절 시로 여섯 수를 써 놓았다. 그중에 한 수가 글 쓰는 일에 대한 시이다. 이제는 욕심도, 거칠 것도 없는 자유로운 몸이니 마음 내키는 대로 쓸 수가 있다면서 늙은이의 즐거움을 시로 적어 놓았다. 여유롭게 마음속에 있는 진심을 담아 놓은 시로, 전편을 다 적을 수 없어 6편의 시를 중간중간을 생략하여 4구절씩만 인용해본다.

1. 늙은이의 한 가지 유쾌한 일은
민둥머리가 참으로 유독 좋아라
(중략)
평생을 풍습에 얽매이던 사람이
이제야 쾌활한 선비 되었네그려
老人一快事 髮鬏良獨喜
(중략)
平生拘曲人 乃今爲快士

2. 늙은이의 한 가지 유쾌한 일은
치아 없는 게 또한 그 다음이라
(중략)
유쾌하도다 의서 가운데에서
치통이란 글자는 빼 버려야겠네
老人一快事 齒豁抑其次
(중략)
快哉醫書中 句去齒痛字

3. 늙은이의 한 가지 유쾌한 일은
눈 어두운 것 또한 그것이라
(중략)
강호의 풍광과 청산의 빛으로도
또한 안계를 채우기에 충분하다오

老人一快事 眼昏亦一快

(중략)

湖光與山色 亦足充眼界

4. 늙은이의 한 가지 유쾌한 일은
귀먹은 것이 또 그 다음이로세
(중략)
비록 자석탕 같은 약이 있더라도
크게 웃고 의원을 한번 꾸짖으리
老人一快事 耳聾又次之
(중략)
雖有磁石湯 浩笑一罵醫

5. 늙은이의 한 가지 유쾌한 일은
붓 가는 대로 미친 말을 마구 씀일세
(중략)
배와 귤은 맛이 각각 다르나니
오직 자신의 기호에 맞출 뿐이라오
老人一快事 縱筆寫狂詞
(중략)
梨橘各殊味 嗜好唯其宜

6. 늙은이의 한 가지 유쾌한 일은

때로 손들과 바둑 두는 일인데

(중략)

이것으로 소일이나 하면 그만이지

정진한들 끝내 어디에 유익하랴

老人一快事 時與賓朋奕

(중략)

聊以送炎曦 精進竟何益

_노인의 한 가지 쾌사[老人一快事],

『다산시문집』 제6권

　다산은 생의 마지막 무렵 눈이 안 보이고, 귀가 먹어 안 들리고, 치아가 빠지고, 머리털마저 다 빠져서 대머리가 되었다. 그러나 다산은 그것을 조목조목 6편의 시 속에 노년의 즐거움으로 담아 놓았다. 이러한 다산의 마음은 유배지 강진에서 18년의 시련과 고난 속에서 가꾼 긍정의 씨앗 덕분이라는 생각이 든다.

　머리털이 없으니 머리를 감고 빗질할 수고로움도 필요 없고, 백발의 부끄러움도 면할 수 있다고 즐거운 마음으로 시를 썼다. 그리고 치아가 다 빠져서 지긋지긋한 치통을 앓을 필요도 없고, 시력이 나빠서 글에 얽매여 옳으니 그르니 시비를 따질 필요가 없고, 귀가 먹게 되어 시끄러운 세상일에 관심을 둘 필요도 없으니 이것이야말로 늙은이의 행복이 아니겠냐는 다산의 낭만적인 시이다.

다산은 나이 먹어 늙는 일을 한탄하거나 아쉬워하지 않고 오히려 긍정적으로 생각하며 그 안에서 즐거운 일을 찾아 의미를 부여하면서 누구보다 행복한 노년을 즐겼다.

떠다니는 것이 어찌 이것뿐이겠습니까. 고기는 부레[脬]로 떠다니고 새는 날개로 떠다니며, 물방울은 공기로 떠다니고 구름과 안개는 증기로 떠다니며, 해와 달은 빙빙 돌면서 떠다니고 별은 일정하게 매여 떠다니며, 하늘은 태허(太虛)로서 뜨고 지구는 조그만 덩이[纍空]로 떠서 만물을 싣고 억조창생을 실으니, 이렇게 보면 천하에 뜨지 않는 것이 있습니까? 가령 어떤 사람이 큰 배를 타고 넓은 바다로 들어가서 선창 안에 한 잔의 물을 부은 뒤에 갈댓잎으로 배를 만들어 그 물에 띄우고, 그 뜬 것을 비웃으며 자신이 큰 바다에 떠 있다는 사실은 잊어버린다면, 이를 어리석다고 하지 않을 사람이 드물 것입니다. 지금 천하에서 뜨지 않는 것이 없는데, 선생이 홀로 떠다니는 것을 스스로 마음 아프게 생각하여, 자신을 그렇게 부르고 그 집에 그러한 이름을 붙여, 떠다니는 사실을 슬퍼한다는 것은 잘못된 일이 아닙니까. 저 꽃이며 약초, 샘물과 괴석 등은 모두 나와 함께 떠다니는 것입니다. 떠다니다가 서로 만나면 기뻐하고, 떠다니다가 서로 헤어지면 씻은 듯이 잊어버리면 그만인데, 떠다니는 것이 뭐 불가한 일입니까. 떠다니는 것은 조금도 슬픈 것이 아닙니다.

부암기(浮菴記)는 어느 날 화순에 사는 나공(羅公)이라는 사람이 다산을 찾아와 나눈 이야기를 기록한 것이다. 그는 팔십이 다 되어가는데도 홍안에 새까만 눈을 지니고 있어서 여유 있는 품이 신선과 같았다.

그는 다산에게 대체 무엇 때문에 꽃을 모종하고 약초를 심으며, 샘물을 끌어들여 못을 만들고 돌을 쌓아 도랑을 만들고 있냐고 물었다. 곧 해배되어 돌아갈 몸인데 왜 이처럼 오래 있을 생각으로 주변을 꾸미고 있냐는 것이다. 그러면서 자기는 나산 남쪽에 암자를 세운 지 30여 년이 되었지만, 정원 같은 것은 가꾸지도 않고 있어서 잡초가 무성하다는 이야기를 하였다. 다산은 "그 이유는 우리네 삶이 떠다니기 때문"이라며 인생의 무상함을 이야기하였다.

떠다닌다는 말은 실제로 떠 있다는 뜻도 되지만 유동적이고 가변적이라는 의미, 덧없고 무상하다는 의미도 있다. 다산은 그에 대하여 떠다니다가 서로 만나면 기뻐하고, 떠다니다가 서로 헤어지면 씻은 듯이 잊어버리면 그만인데, 떠다니는 것이 뭐 불가한 일이냐고, 떠다니는 것은 조금도 슬픈 일이 아니라고 한다. 덧없음을 순순히 받아들이고 편안히 여기고 즐기는 것이 옳은 일이라는 것을 세상에 떠 있는 것들을 조목조목 들어가며 이야기하고 있다.

무상함을 통찰함으로써 그것을 오히려 근원적인 긍정으로 승화시키고 즐기는 다산의 긍정심은 아무리 생각해도 돋보인다.

겸손은 사람을 머물게 하고, 칭찬은 사람을 가깝게 하고,
넓음은 사람을 따르게 하고, 깊음은 사람을 감동케 한다.

_『목민심서』 중에서

제
3
장

평생학습으로
자기계발하라

과골삼천(踝骨三穿)의
집념

과골삼천(踝骨三穿)은 다산이 학문에 열중하느라 세 번이나 복사뼈에 구멍이 났다는 이야기로, 유배 시절 강진에서 가르치던 제자 중 가장 충실했던 황상의 문집 『치원유고(巵園遺稿)』에 실려 있다. 다산은 책의 중요 내용을 써가며 읽는 공부 방법으로 '초서(鈔書)'를 가르쳤다. 다산이 가장 아꼈던 제자 황상은 나이 70이 될 때까지 여전히 초서를 계속했다. 그러자 사람들이 "그 나이에 초서는 해서 무얼 하느냐"라고 하자, 그는 이렇게 대답했다.

"우리 선생님께서는 귀양살이 20년 동안 날마다 저술만 일삼아 복사뼈가 세 번이나 구멍 났습니다. 제게 삼근(三勤: 마음을 다잡아 부지런하고 부지런하고 부지런하라)의 가르침을 내려주시면서 늘 이렇게 말씀하셨지요. '나도 부지런히 노력해서 이것을 얻었다.' 몸으로

가르쳐주시고 직접 말씀을 내려주신 것이 마치 어제 일처럼 귓가에
쟁쟁합니다."

_과골삼천(踝骨三穿)

강진읍내 제자 황상이 복사뼈에 세 번 구멍이 뚫릴 정도로 학문에
정진한 다산 스승에 대하여 남긴 글이다. 다산의 학문적인 집념의 자
세가 얼마나 대단했는지를 가늠할 수 있는 이야기이다. 다산은 이런
집념으로 600여 권의 책을 저술하였다. 이러한 다산의 집념은 독창
적인 경학의 재해석을 통한 새로운 사상적 기반을 마련했고, 그것은
나라와 백성을 위한 경세학의 저술로 이어졌다. 다산의 위대한 학문
적 성과는 '천재성'이 아니라 복사뼈가 으스러지도록 집념한 결실이
라고 할 수 있다. 책상다리로 18년을 앉아 책을 읽고 쓰면서 방바닥에
닿은 복사뼈에 구멍이 세 번이나 뚫린 것이다. 다산은 자신의 이러한
학문의 결과를 자찬 묘지명에서 다음과 같이 밝히고 있다.

그리하여 육경(六經)과 사서(四書)를 가져다가 몰두하여 탐구하고,
중국의 한나라와 위나라 이래로 명나라와 청나라에 이르기까지의 모
든 유학자의 학설로 경전에 보완이 될 만한 것은 널리 수집하고 두루
고증하여 오류를 정하고 취하고 버려서 한 집안의 서(書)를 갖추었다.
이에 정조 임금이 주문한『모시강의(毛詩講義)』12권을 머리로 삼
고 따로『강의보(講義補)』3권을 짓고, 또『매씨상서평(梅氏尙書平)』

9권, 『상서고훈(尙書古訓)』 6권, 『상서지원록(尙書知遠錄)』 7권, 『상
례사전(喪禮四箋)』 50권, 『상례외편(喪禮外編)』 12권, 『사례가식(四
禮家式)』 9권, 『악서고존(樂書孤存)』 12권, 『주역심전(周易心箋)』 24
권, 『역학서언(易學緖言)』 12권, 『춘추고징(春秋考徵)』 12권, 『논어고
금주(論語古今注)』 40권, 『맹자요의(孟子要義)』 9권, 『중용자잠(中庸
自箴)』 3권, 『중용강의보(中庸講義補)』 6권, 『대학공의(大學公議)』 3
권, 『희정당대학강록(熙政堂大學講錄)』 1권, 『소학보전(小學補箋)』 1
권, 『심경밀험(心經密驗)』 1권을 지었는데, 이상은 경집(經集)으로 모
두 2백 32권이다. 내가 지은 시율(詩律) 18권이 있는데 산정(刪定)하
면 6권은 될 수 있고, 잡문(雜文)으로 전편(前編)이 36권이고 후편(後
編)이 24권이며, 또 잡찬(雜纂)이 있는데 문목(門目)이 각각 다르다.

『경세유표(經世遺表)』가 48권이니 편찬의 일을 마치지 못하였고,
『목민심서(牧民心書)』가 48권이고 『흠흠신서(欽欽新書)』가 30권이
다. 『아방비어고(我邦備禦考)』는 30권인데 완성되지 못하였고, 『아
방강역고(我邦疆域考)』 10권, 『전례고(典禮考)』 2권, 『대동수경(大東
水經)』 2권, 『소학주관(小學珠串)』 3권, 『아언각비(雅言覺非)』 3권,
『마과회통(麻科會通)』 12권, 『의령(醫零)』 1권이다. 이를 통틀어 문집
(文集)이라 하니, 모두 2백 60여 권이다.

_자찬 묘지명 집중본,

『다산시문집』 제16권

불안과 초조 속에서 600여 권의 책을 저술한다는 것은 초 집념의 상태가 아니면 불가능하다. 나 자신이 책을 써본 경험을 살펴보아도, 집중하지 못한 상태에서는 한 줄도 쓸 수가 없다. 폐족이 되어 가문의 몰락과 집안 형제들의 참혹한 죽음을 지켜본 다산은 기약 없는 유배지에서 불안한 추스려 평정심을 갖고 학문에 몰입할 수 있었다.

다산은 자신의 지식을 전수하기 위한 학문적 욕구 때문이 아니라 온전히 나라와 백성을 위한다는 일념으로 책을 읽고, 글을 쓰며 생각을 정리했다. 그리고 관료로서 경험하고 유배 현장에서 보고 느낀 것들을 바탕으로 글을 썼다. 그에 열중한 나머지 복사뼈에 구멍이 날 정도가 된 것이다. 다산의 학문에 대한 몰입은 하루하루를 살아가는 생존의 원동력이었다. 무엇보다 자유로운 활동이 제약된 상황에서 자신에게 주어진 환경을 어떻게 활용할 수 있을까를 고민한 다산에게 '몰입'은 미처 못다 이룬 학문적 성취를 이룰 수 있는 유일한 방법이었다.

또, 다산이 몰입을 할 수 있었던 건 천주쟁이 죄인으로 남아 있는 자신의 죄명을 씻어 낼 수 있는 유일한 방법이라는 생각 때문이기도 했다. 한 분야도 아니고 수십 가지 분야를 휘저으며 쏟아낸 다산의 저술을 우리는 지금까지도 다 헤아리지 못하고 있다.

다산이 세상을 뜬 지 200여 년이 지났다. 지금은 우리의 의지와 관계없이 급격한 변화가 불어닥치는 시대이다. 불안과 초조를 극복하고 평정심을 찾는 일이 그 어느 때보다 절실하다. 다산의 600여 권의 책과 2,500여 수의 시는 평정심이 무엇인가를 보여준 내면의 나침반이다.

질문에서
답을 찾은 다산

이순신 장군이 한산도에서 왜적을 쳐부술 때에 어떤 전법을 썼는가?

신유(申瀏)가 흑룡강에서 청나라를 도와 전투할 때 어떤 술책으로 적을 무찔렀는가?

거북선은 어떤 것을 본뜬 것이고, 골선(鶻船)을 만들자고 주청(奏請)한 사람은 누구인가?

전선(戰船)과 병선(兵船)은 어찌하여 명칭이 다르고, 방선(防船)과 협선(挾船)은 어찌하여 달리 부르는가? 거도선(舮舠船)이 가장 많은 곳은 어느 군영이고, 맹선은 그 등급이 몇 층인가?

부분적으로 수리하는 것과 새로 만드는 데 대한 기한이 도마다 각각 다른데 이에 대해 낱낱이 상세하게 말할 수 있는가?

튼튼하여 무겁고 크게 만들면 왜선을 제압하기는 이롭지만, 운행하기가 지극히 어렵고 가볍고 날래게 만들면 적선을 추격하기는 이롭지만 부서지기 쉬운 우려가 있으니, 이 두 가지 중에서 어느 법이 나은가?

한군데에만 매어두면 중요한 부품을 녹슬지 않게 해야 되는 본의에 어긋나고, 돌아다니며 장사하도록 허가해주면 급할 적에 격문을 띄워 불러들일 방법이 없다. 이 두 가지 가운데 어떤 의논이 좋은 것인가?

_전선책(戰船策), 책문(策問),

『다산시문집』 제9권

다산의 전선록에 나오는 일부분이다. 오늘날에 대입하면 전함에 대한 이야기라고 할 수 있다. 삼면이 바다로 둘러싸인 우리나라가 해상을 지키는 데 있어 전함을 만드는 일은 너무나 소중한데, 이를 위한 방책은 없고 당파싸움만 하는 현실을 비판하면서 쓴 것이다. 특히, 다산은 임진왜란 때 이순신 장군에 대한 공적을 바탕으로 조선이 그 참혹한 일을 당하고도 아직도 정신을 못 차리고 있다는 것이 너무나 안타까웠다. 그래서 조목조목 질문을 하면서 현실을 적시하고 질문을 통해서 문제를 해결하고 지혜를 찾아서 국방을 튼튼히 하고자 했던 것이다.

아이들이 하는 이야기의 20%가 질문이라고 한다. 그만큼 질문은 인간의 성장 과정에서 중요한 것임을 알 수 있다. 인간은 질문을 할 수 있었기에 지금과 같은 지속적인 성장이 가능했다. 혹자는 인류 최고의 무기는 질문이고 결국 인간은 질문하는 존재라는 의미에서 호모 애스커스(Homo Askus)라는 재미있는 이름을 붙이기도 했다. 질문은 창의적인 해법을 찾기 위한 탐구이다. 따라서 근본적인 현실을 알지 못한, 단순히 지식적인 것만을 바탕으로 한 질문은 오히려 잘못된 답을 자아내는 오류를 범할 수가 있다.

다산은 이러한 측면에서 그 누구보다 질문을 통해서 문제를 잘 해결하고, 거기서 지혜를 찾고자 하였다. 그리고 다산은 이미 성균관에서부터 정조로부터 수없이 이런 훈련을 받았다.

그 훈련의 결과가 『시경강의(詩經講義)』이다. 다산이 성균관에서 치른 시험의 성적이 나빠 벌칙으로 숙직을 하고 있을 때 정조는 시경에 대한 800여 개의 질문서를 주면서 답을 가져오도록 하였다. 이에 다산은 60일 동안 질문에 대한 답을 조목조목 달아서 『시경강의』로 엮어서 제출하였다.

이뿐만이 아니다. 다산이 22세(1783년)에 생원시에 합격하여 성균관에 입학하였는데 그 이듬해에 정조가 『중용』 가운데 의문이 드는 내용 70 조목을 내려주었다. 이에 다산은 친구인 이벽(李檗)과 더불어 문제를 함께 토론하고 상의하여 답을 디테일하게 작성하여 올렸다. 이 답을 보고 정조는 "정약용이 누구냐? 그의 학문이 어떠냐? 다른 성균관 유생의 답은 대개 거친데 정약용의 대답만이 독특하다."라면서 "그는 반드시 학식이 있는 선비이다."라고 칭찬을 하였다. 이처럼 다산은 일찍이 정조로부터 받은 여러 질문을 통하여 문제에 대한 핵심을 파악할 수 있는 역량을 기르고 배움을 확장시킨 것이다.

오늘날 질문은 소통의 도구일 뿐 아니라 상대를 이해하고 관심을 표현하면서 서로의 생각을 나누며 갈등을 해결하고 문제를 해결해

가는 과정이다.

질문에 대한 이야기 중에 가장 기억에 남는 일은 2010년 9월 G20 서울정상회의 폐막식 때 미국 대통령 오바마의 기자회견 때 일이다. 연설을 마친 오바마는 개최국 한국에 대한 고마움을 전하며 이례적으로 즉석에서 개최국 한국 기자에게 우선적으로 질문권을 주었다. 그러나 손드는 기자가 없었다. 장내는 오직 적막만이 흐를 뿐. 대통령에게 질문을 하기 위해 치열한 경쟁을 해야 하는 미국 문화에 익숙한 오바마는 순간 당황하였다. 몇 차례 권고에도 불구하고 아무도 손을 들지 않자 결국 그는 의도와는 다르게 중국 기자에게 질문권을 줄 수밖에 없었다.

질문은 답보다 심오하다고 한다. 다산은 심오한 질문을 통해서 자신의 생각을 정리하고 창의적인 생각을 토해 낼 수 있었다. 다산은 사서육경을 비롯한 고전 속의 인문학적 사고를 바탕으로 '질문'에 대한 훈련을 했다. 다산은 질문 속에서 문제를 해결하고 현실을 비판하고 분석하면서, 나라와 백성을 위한 개혁서를 저술하였다.

실학자 다산은 200여 년 전 다양한 질문을 통해서 다각도로 해결 방안을 강구하는 방법을 알고 있었다. 질문을 통해 심오한 답을 찾았고, 질문을 통해 생각을 자극하였으며, 질문의 과정을 통해 자신의 불안한 감정을 통제하기도 하였다. 그리고 질문을 통하여 상대방과 소통하며 서로의 마음을 이해하였다.

우리는 오늘날 질문하는 것을 두려워한다. 하지만 끈질긴 질문과

의견을 통해야만 우리는 불안을 해소할 확실한 방안을 얻을 수 있다. 우리는 지금 왜 이렇게 불안한 사회 속에서 살고 있는가? 이 상황을 벗어나기 위해서 나는 지금 어떻게 해야 하는가? 이런 질문을 통해서 최소한 개인이 취해야 할 자세를 확실하게 인식하고 더 안정된 삶을 살 수 있는 지혜를 찾아야 한다.

　매슬로는 인간의 기본 욕구로 안정의 욕구를 들고 있다. 그만큼 우리 삶에 있어 안정은 절대적으로 중요하다. 질문에 대한 답을 보고 정조가 다산을 핵심인재로 발탁하였듯이 질문 하나가 인생을 바꿀 수도 있다. 무차별적 성과, 결과 중심주의로 인한 불확실하고 불안한 사회에서 새로운 시대적 가치는 무엇인가? 지금 다산은 우리에게 끝없는 질문을 하고 있다. 새로운 변화에 어떻게 대응하고 있는가? 변화를 위한 개인적, 국가적 대안은 무엇인가? 새로운 사회적 공동체를 위한 가치는 무엇인가? 이 모든 것들을 위해 어떤 노력을 하고 있는가? 미래 대한민국의 비전은 무엇인가? 진정 바라는 사회를 위해 오늘 할 일은 무엇인가?

실용적이고
창의적인 자기계발

"기유년(1789, 정조 13) 주교(舟橋:배다리)의 역사에 용(鏞:정약용)이 그 규제(規制)를 올려서 사공(事功:일의 성취)이 이루어졌으니, 그를 불러 사제(私第:사저)에서 성제(城制:성을 쌓는 제도)를 조진(條陳:조목조목 올리다)하도록 하라." 하였다. 용이 이에 윤경의 보약(堡約)과 유문충공 성룡의 성설(城說)에서 좋은 제도만 채택하여 모든 초루(譙樓)·적대(敵臺)·현안(懸眼)·오성지(五星池) 등 모든 법을 정리하여 진달하였다. 주상이 또 『고금도서집성(古今圖書集成)』,『기기도설(奇器圖說)』을 내려 인중법(引重法), 기중법(起重法)을 강구하도록 하였다.

용(다산)이 이에 기중가도설을 지어 올렸다. 활거(滑車)와 고륜(鼓輪)은 작은 힘을 써서 큰 무게를 옮길 수 있었다. 성역을 마친 뒤에 주상이 일렀다.

"다행히 기중가(起重架)를 써서 돈 4만 냥의 비용을 줄였다."

_자찬 묘지명 집중본,

『다산시문집』 제16권

실용적 과학기술의 융합

17세기 말 조선, 조정은 혼란에 빠져 있고, 극심한 파벌싸움은 그치지 않았다. 대신들은 나라의 이익보다는 자기 당의 이익을 앞세우고 있었다. 정조는 이러한 상황을 '나라가 큰 병을 앓는 사람처럼 원기가 다 빠진 상태'라고 진단했다. 근본적인 개혁이 필요하다는 뜻이었다. 정조는 노론의 근거지인 서울을 벗어나 더욱 철저한 개혁을 추진하기 위한 장기적인 전략을 추진하였다. 다산의 실용적이고 과학적인 창의성은 수원화성을 건설하는 데서 확인할 수 있다. 다산은 이 일을 기존의 방법대로 하려면 너무나 많은 인력과 시간이 투입되어야 한다는 것을 간파하였다. 그래서 보다 과학적인 방법을 찾아냈다. 불필요한 인력을 줄이고 효율적으로 성을 쌓을 수 있는 방법을 창안한 것이다. 그것이 바로 다산이 그 당시 발명한 거중기, 기중기, 녹로, 활차 등이다.

그리고 다산은 백성들을 강제 노역으로 끌어들이지 않고 떠돌이로 살아가는 사람들을 노임을 주고 부렸다. 다산은 새로 발명한 기계들과 임금을 주고 일을 시킨 인부들의 부지런함으로 인하여 2년 9개월 만에 성을 완공하였다. 이에 임금이 "다행히 다산이 기중기를 이용하여 경비 4만량이 절약되었다"라며 아주 크게 기뻐하였다. 이처럼 다산은 실용적이고 창의적인 과학적 기법 등을 통하여 예산 절감은 물론 공기를 단축하여 정조가 원하는 국책사업을 완수하였다.

21세기 엑셀을 활용한 다산

"한 권이 아니고서는 상세하게 기록할 수 없을 것으로 여겼는데, 수레에 실으면 소가 땀을 흘릴 정도로 많은 분량의 보고서를 너는 종이 한 장에다 마무리하였으니, 참으로 훌륭하다."

_식목연표(植木年表)에 발함,
『다산시문집』 제14권

정조가 수원화성을 건설하고서 그 주변 고을에 나무를 심도록 하였다.

그리고 1789년부터 1795년까지 7년 동안 화성 주변 8읍(邑), 즉 수원(水原)·광주(廣州)·용인(龍仁)·과천(果川)·진위(振威)·시흥(始興)·안산(安山)·남양(南陽) 고을에 심은 나무가 얼마나 되는가를 확인하였다.

그 결과 보고서가 수레에 실으면 소가 땀을 흘릴 정도로 많아서 과연 그 공로는 누가 더 많은지, 나무의 숫자는 얼마인지 알 수가 없었다. 그러자 정조가 다산에게 "네가 그 번거로운 것은 삭제하고 간략하게 간추려서 되도록 명백하게 1권이 넘지 않게 하라."라고 명령을 하였다. 이에 다산은 물러 나와서 연표를 만들었다.

가로 12칸을 만들고 7년을 12칸에 배열하고, 세로 8칸을 만들어 8읍(邑)을 배열하여 1칸마다 그 수를 기록하고, 그 총수(總數)를 계산

하니, 소나무[松], 노송나무[檜], 상수리나무[橡] 등 나무가 모두 1천 2백만 9천 7백 12그루였다.

바로 오늘날 우리들이 사용하는 엑셀을 수동으로 작성한 것이다. 다산이 8개 읍의 식목현황 보고서를 한 권의 책이 아니라 종이 한 장으로 요약하여 정조께 보고했다. 다산은 이미 200여 년 전에 지금 우리가 쓰고 있는 엑셀의 원리를 활용하여 수레 가득한 식목 현황 보고서를 종이 한 장으로 요약한 것이다.

이러한 천재적 수학자 다산은 황해도 곡산부사로 일하면서도 민폐를 바로 잡기 위하여 엑셀을 활용하여 호구조사표를 작성하였다. 집집마다 노인, 아이들, 가축 수 등을 파악하여 확실한 데이터를 근거로 조세를 공평하게 조정했고, 이를 통해 고을 사람들로부터 신뢰를 받을 수 있었다. 이처럼 다산은 조정에서는 물론 현장에서 늘 실용적이면서 창의적인 방안을 통하여 백성들이 보다 편하고 안정된 삶을 살도록 탁월한 지혜를 발휘하였다. 다산은 21세기의 엑셀을 이미 활용하고 있었던 것이다.

질병으로부터 백성을 구한 다산

내가 장기(長鬐)에 온 지 수개월 만에 내 자식이 의서(醫書) 수십 권과 약초(藥草) 한 상자를 부쳐왔다. 적소(謫所)에는 서적이 전혀 없으므로 이 책만을 볼 수밖에 없었고, 병이 들었을 때도 결국 이 약으로 치료하였다. 하루는 객관을 지키고 손님 접대를 하는 사람의 아들이

청하기를, "장기(長鬐)의 풍속은 병이 들면 무당을 시켜 푸닥거리만 하고, 그래도 효험이 없으면 뱀을 먹고, 뱀을 먹어도 효험이 없으면 체념하고 죽어갈 뿐입니다. 공(公)은 어찌하여 공이 보신 의서로 이 궁벽한 고장에 은혜를 베풀지 않습니까." 하기에 나는 "좋다. 내가 네 말을 따라 의서를 만들겠다." 하였다. 이에 그 의서 중에서 비교적 간 편한 여러 처방을 뽑아 기록하고, 겸하여 『본초(本草)』에서 주치(主 治)의 약재를 가려 뽑아서 해당 각 병목(病目)의 끝에 붙였으며 보조 약재로서 4~5품에 해당되는 것은 기록하지 않았고, 먼 곳에서 생산 되거나 희귀한 약품으로서 시골 사람들이 그 이름을 모르는 것도 기 록하지 않았다. 책은 모두가 40여 장이니 간략하다고 하겠으며 이를 이름하여 『촌병혹치(村病或治)』라 하였다.

_촌병혹치 서(村病或治序),
『다산시문집』 제13권

"'촌(村)'이란 촌스럽게 여긴 것이고, '혹(或)'이라 한 것은 의심스 럽게 여긴 것이다. 그렇지만, 참으로 잘만 쓰면 또한 인명을 살릴 수 있을 것이니, 약재의 성질과 기운을 구별하지 아니하고 차고 더운 약 을 뒤섞어서 잘못 사용해서 효험을 보지 못하는 것에 비하면 도리어 더 우수하지 않겠는가."라며 다산은 백성들의 질병에서 헤어나지 못 하는 안타까운 현실을 직시하면서 의약서를 만들었다.

다산은 시골 촌사람들이 알기 쉽게 비교적 간편한 여러 처방을 뽑 아 기록했다. 약 없이, 가까이서 구할 수 있는 야초들을 위주로 기록

해 죽어가는 사람에게도 긴급하게 치료할 수 있도록 하였다. 걱정스럽고 한스러운 것은 간략하게 하려면 반드시 먼저 널리 관련 서적들을 살펴서 책을 만들어야 하는데 유배지에서 책이 없어 겨우 수십 권에 그쳤다는 점이다.

그러나 다산은 "훗날 내가 다행히 귀양에서 풀려 돌아가게 되면 이 범례를 따라서 널리 책을 참고하여 엮을 것이니 그때는 '혹(或)'이라는 이름을 뗄 수가 있을 것"이라고 하였다. 또한 "상편(上編)은 주병(酒病, 술병)으로 끝마감하고, 하편(下編)은 색병(色病, 여색에 관한 병)으로 끝마감하였으니, 또한 세상을 깨우치고 건강을 보호하는 나의 깊은 의미를 붙인 것이다."라고 하였다.

다산은 실용적 과학기술의 융합을 통하여 어떻게 하면 나라를 개혁하고 백성들의 삶을 보다 편하게 할 수 있을까 항상 고민하였다. 그리고 엑셀과도 같은 문서 정리를 통해서 창의적인 행정적 재능을 뽐내 목민관으로서의 자세도 확인할 수 있다. 그뿐만 아니라 백성들을 병마로부터 구하기 위하여 의학서까지 저술했다.

이처럼 다산은 자신이 처한 환경에 구애받지 않고 그 자리에서 할 수 있는 일들은 뭐든지 창의적인 자기계발을 통하여 문제를 해결하는 능력을 발휘했다. 흔히들 '우문현답'이라는 말을 한다. 즉, 우리들의 문제는 현장에 답이 있다는 이야기다. 다산 역시 사례를 통해서 확인할 수 있듯이 늘 현장에서 나라의 개혁과 백성들의 안녕에 대한 문제의식을 바탕으로 자기계발을 통해 새로운 미래를 준비하였다.

자기계발의 결실, 다산학

다산학은 다산 정약용의 학문과 사상을 총체적으로 지칭하는 개념이자 이를 연구하는 학문활동이라고 할 수 있다. 특히 다산학은 경학인 4서 6경으로 개혁의 근본과 이론을 정립한 바탕 위에 사회, 정치적 실천 방안 및 정당한 제도를 강구한 경세학으로 국가 개혁서인 경세유표, 목민관들의 복무지침서인 목민심서, 목민관들의 형사소송 매뉴얼인 흠흠신서를 저술한 학문체계를 갖고 있다. 그뿐만 아니라 2,500여 수의 시를 통하여 백성들의 처참한 현실을 고발하였다.

다산은 자신이 소싯적에 학문에 뜻을 두고 깊이 있는 연구를 하려고 했으나 세상일에 빠져서 아무것도 하지 못한 것을 후회하였다. 다산은 그런 분하고 억울한 마음을 삭이며, 유배 자체를 여가라고 여기고 긍정적인 생각으로 학문 연구에 몰입하였다. 육경과 사서를 가져다 통달하면서 이제까지의 잘못된 번역, 그리고 제도와 관습을 당시의 현실과 비교하면서 조목조목 재해석하였다. 그리고 주자학과 성리학으로 다져진 사상의 운동장을 새롭게 개척하였다. 다산은 살아오면서 일깨운 자신의 생각과 사상을 조선의 현실에 걸맞게 독창적인 새로운 학문으로 재해석했다. 그리고 피폐한 조선의 현실과 백성들의 궁핍한 삶을 직시하며 600여 권의 책을 저술하여 위대한 '다산학'이라는 학문적 위업을 남겼다.

다산은 자찬 묘지명에서 자신의 저술을 확인하면서 4서 6경에 관련한 경집이 『모시강의』 12권 등 모두 232권이고, 일표이서인 경세학이 『경세유표』 48권 등 통틀어 문집(文集)이 모두 2백 60여 권이라고 하였다. 그리고 시율(詩律) 18권, 잡문 전편이 36권이고 후편이 24권이며, 또 잡찬이라고 하였다.

다산은 천주교와 서학을 통하여 과학기술을 적극적으로 수용하였다. 특히 수학과 과학, 천문학 등을 통하여 종래의 미신적 사고를 배격하고 우주 자연에 대한 합리적이고 과학적인 인식과 사고를 하게 되었다. 이러한 다산의 재능과 지혜와 경험은 배다리를 건설하고 수원화성을 설계한 사례에서 유감없이 발휘되었다. 다산은 생각지도 못한 상황에서 당한 유배의 불안과 초조, 억울함과 분노를 성찰하며 자기계발의 기회로 삼았다.

특히, 사서육경을 통한 사상적 재해석은 새로운 사상적 일깨움이 되었다. 밀려오는 불안과 초조를 '과골삼천'의 초집중력으로 복사뼈에 세 번 구멍이 뚫릴 정도로 학문에 정진하였다. 이러한 다산의 지속적인 학문 연구는 오늘날과 같은 평생학습시대에 있어 영원한 롤 모델이다. 3세 때 한자를 깨우쳐 75세 죽는 날까지 붓을 놓지 않았으니 다산이야말로 평생학습인의 원조라고 할 수 있다.

칙센트미하이는 사람이 어떤 과제를 만났을 때 불안해서 가만히 있지 않고 뭔가 긍정적으로 계속하게 되면 능력이 향상되어 각성하게 되고 또 몰입하게 됨에 따라 결국은 자신감으로 이어진다고 하였다. 다산은 불안한 상황 속에서 지속적인 자기계발을 통한 안정감으로 자신감을 얻어 그 결실로 다산학이라는 위대한 학문적 업적을 이루었다.

오늘날 개인은 물론 모든 조직은 성장과 발전을 위하여 자기계발에 많은 투자를 한다. 평소에 잠재되어 있는 자신의 슬기나 재능, 사상 따위를 일깨우기 위한 자기계발을 하여, 기회가 왔을 때 언제든지 그것을 바탕으로 자기 성장은 물론 지속적인 조직성장의 기회로 활용한다. 대부분의 사람들이 자신들의 앞만 보고 일에 집중하다가 자신의 취미와 특기가 무엇인지도 모르고 산다. 이럴 때 자신의 잠재된 능력이나 장점을 찾아내기 위한 자기계발의 시간이 필요하다.

다산은 바로 이런 점에서 자기계발의 본을 보인 선구자이다. 불확실한 시대는 멀리 있는 것이 아니다. 지금 상황에서 나에게 주어진 것을 바탕으로 적성과 흥미를 찾아 즐길 수 있는 길을 찾아야 한다. 불확실한 시대가 가까워질수록 다양한 문화와 다양한 사고, 다양한 가치가 요구되는 상황에서 자기계발에 대한 필요성은 더욱더 절실하다. 200여 년 전과 비교 할 수는 없다고 하지만, 인간의 기본적인 욕구는 예나 지금이나 다를 게 없다. 다산은 한정된 공간에서 한정된 정보를 갖고 자기계발을 통하여 위대한 학문적 위업을 이루었다.

이미 전 세계가 일일생활권에 들어가 있고, 인터넷에 널려 있는 것이 정보이다. 그뿐만 아니라 가상공간에선 전혀 경험하지 못한 일들로 제4차 산업혁명이 전개되고 있다. 나날이 변하는 지금의 상황에서 자기계발 없이 새로운 환경에 접한다는 것 자체가 불안과 스트레스다. 다산이 불안과 초조 속에서도 하루도 쉬지 않고 자신의 모습을 성찰하며 자기계발을 통해 유배를 즐기며 평정심을 찾았던 것도 바로 이 때문이다.

우리는 앞만 보고 달리고, 이것보다 저것만을 찾아 헤매며, 자기계발은 생각지도 못하고 살아가는 우를 범하고 있다. 급변한 새로운 환경에서 뭐가 중헌가? 스스로 자문하면서 불안과 스트레스를 자기계발의 매개로 활용하여 '다산학'이라는 위대한 학문적 위업을 이룬 다산의 자기계발의 길을 찾아 떠나야 할 때이다.

영원한 평생학습인
다산

　다산 선생은 4살 때부터 글을 깨우치기 시작하여 7살 때 한자로 삼미집이라는 시집을 냈으며 13세 때는 수백 수의 한시를 짓기도 하였다. 15세 때 결혼하여 아버지가 벼슬에 오르자 서울로 올라가 여러 사람과 폭넓은 교류를 하면서 학문적으로는 물론 사상적으로도 새로운 눈을 뜨게 되었다. 특히, 여섯 살 위인 매형 이승훈과 여덟 살 위인 큰형의 처남 이벽을 통하여 많은 책을 읽고 함께 토론하면서 새로운 학문을 접하기 시작하였다.

　16세 때는 전라도 화순 현감으로 발령이 난 부친을 따라갔고, 그곳에서도 25세나 많은 유명한 선비인 조익현을 만나 경전과 문장을 토론하면서 나이를 잊고 친구가 되었다. 17세 때는 둘째 형 정약전과 함께 동림사에서 40일 동안 독서하며 맹자를 읽고 독자적으로 해석하여 형을 놀라게 하였다. 19세 때는 부친이 경상도 예천 군수로 발령을 받았는데, 경상우도 병마절도사인 장인 홍화보가 어린 사위를 위해서 촉석루에서 베푼 연회에 부친을 따라 참석했다. 그때 칼춤을 춘 기생에게 써준 시가 지금도 매우 유명한 시로 남아 있다.

다산은 22세 때 과거시험 소과에 합격하여 성균관에 입학하였다. 이때부터 정조의 눈에 띄었으며 특히, 성균관 학생들에게 낸 중용에 관한 70 조목의 질문에 대한 다산의 답은 정조를 놀라게 하였다. 다산은 이때부터 정조의 미래 핵심인재로 관심을 받게 되었다.

이때 다산의 천주교에 대한 관심도 남달랐다. 비밀강습회를 만들어 함께 스터디를 하기도 하였다. 23세 때 다산은 이벽으로부터 천주교에 대한 이야기를 들으면서 황홀할 정도로 새로운 세계를 발견하게 되었다고 하였다.

28세에 다산이 과거에 합격하여 벼슬길에 들어서자 정조는 곧바로 초계문신으로 발탁하여 규장각에서 경전의 강론과 학문의 연마를 하도록 하였다. 다산은 매월 치르는 시험에서 우수한 성적을 거두어 말과 표범 가죽 등 많은 상을 받았다. 30세 때는 정조가 시경에 대하여 800여 조목의 의문점을 제시하고 그에게 답하도록 하였다. 다산은 60일 동안 조목조목 항목에 대하여 답을 정리하여 『시경강의』로 엮었다. 31세 때 다산은 부친이 돌아가셔서 상중이었다. 그런데 정조는 수원화성을 건축할 설계도와 공사를 위한 계획도를 작성토록 명령하였다. 1794년에 수원화성 건설에 착수했고 1796년 10월 16일에 준공식을 하였다. 10년 공사가 2년 반 만에 완공되었다.

33세에 다산은 암행어서로 경기북부지방을 순찰하면서 백성들의 참혹한 현실과 관료들의 포악한 착취를 직시했다. 그리고 백성을 굶주림과 착취로부터 구해내기 위해서 좌고우면하지 않고 원칙대로 감찰을 실시하였다. 34세 때는 승정원 동부승지에 임명되었다. 그러다 중국 신부 주문모 입국 사건이 발생하면서 다산도 천주교인으로 비난이 거세게 일자 정3품 당상관인 우부승지에서 종6품의 충청도 금정역 찰방으로 좌천이 되었다. 하지만 그해 다시 돌아와 규장각에서 책을 보며 교정하며 지냈다. 36세 때는 다시 동부승지가 되었다. 그러나 이때도 반대파들의 격심한 반대가 있었다.

다산은 천주교에 대한 자신의 입장문인 '변방사동부승지소'를 통해 자신은 이미 천주교를 버렸음을 천명하였다. 그래도 반대파들이 공격을 멈추지 않자 정조는 소나기를 피하자는 생각으로 다산을 황해도 곡산부사로 임명을 하였다. 다산은 이곳에서 그야말로 물을 만난 고기처럼 자신의 학문적 이론을 현장에서 실험하고 이곳을 개혁의 실험장으로 맘껏 활용하였다. 38세 때 다산은 형조참의로 한양으로 돌아왔다. 하지만 이때도 반대파들은 천주교를 빌미로 다산을 괴롭혔다. 이에 다산은 병을 핑계로 사직서를 내버렸다. 39세 때 다산은 정치에 미련을 버리고 고향 마재로 처자식을 데리고 돌아와 버렸다. 그리고 정조의 급작스런 죽음과 함께 다산의 벼슬길도 영원히 끝나버렸다.

다산은 나이 40으로 한창 일할 때였다. 하지만 정조의 사망과 동시에 반대파들은 남인을 천주교 신자라는 이유로 완전히 정계에서 축출하기 시작하였다. 다산 역시 소나기는 피할 길이 없었다. 천주교 신자로 지목된 이가환, 이승훈, 정약용, 홍낙민, 권철신, 정약종, 정약전, 이기양 등이 잡혀 정약종, 최창현, 최필공, 홍교만, 홍낙민, 이승훈 등은 모두 서소문에서 참수되었고, 이가환, 권철신은 고문 끝에 감옥에서 죽게 되었다. 겨우 정약용과 정약전은 다행히 죽음을 면하고 유배를 당하였다.

1801년에 강진으로 유배되어 18년의 긴 세월을 유배 살이를 하다 1818년 57세의 나이로 고향에 돌아왔다. 18년이란 고난과 시련의 세월 속에서도 다산은 공부의 끈을 놓지 않았다. 4서 6경을 통하여 600여 권의 책을 저술하였다.

"나의 공부는 이런 유배 생활의 괴로움 속에서도 하루도 중단된 적이 없다. 뜻은 마치 양파의 껍질을 벗기듯이 풀려간다. 나는 이제야 비로소 알게 되었다. 무릇 곤궁한 가운데 있고 난 후에야 글 쓸 자격이 있음을."

_자찬 묘지명 집중본

유배 생활의 괴로움을 어찌 말로 다 표현할 수 있겠는가? 몸도 성하지 않은 상황에, 다산은 불안과 초조 속에서 제자들을 가르치고 함께 배우면서 책을 저술하였다. 고향에 돌아와서도 18년 동안 잠시도 쉬지 않고 지인들과 학문적 교류를 계속하면서 서로의 의견을 나누고, 미처 쓰지 못한 책을 저술하거나 교정하면서 평생을 학습자로서 살았다.

다산은 유네스코(UNESCO)가 제시한 평생학습의 4기둥(4 pillars)에 비춰보아도 전혀 손색이 없는 진정한 평생학습인의 모델이다. 평생학습의 4기둥, 그 첫째는 존재를 위한 학습(learning to be)으로 유배지에서 4서 6경을 재해석하여 백성이 인간답게 살 방안을 모색했다. 둘째는 행동을 위한 학습(learning to do)으로, 다산은 무엇보다 관념적인 것이 아닌 실천적 평생학습으로 백성들이 실생활에 유익하게 활용할 수 있는 구체적 평생학습을 실천하였다. 셋째는 학습방법의 학습(learning to learn)으로, 다산은 '털끝 하나 성한 것이 없다'라며 기존의 모든 것을 개혁하고자 했다. 문제를 찾고 해결하기 위한 창의적인 대안도 제시하였다. 넷째, 더불어 살아가기 위한 학습(learning to live together)으로, 다산이 가장 중점적으로 관심을 가진 분야이다. 나라는 부패하고 백성은 굶주리는 상황에서 무엇보다 함께 살 수 있는 방안을 제시하였다.

특히 다산은 경세학을 통하여 목민관과 백성들이 함께 인간의 본분을 다하며 살기 좋은 조선을 만들 방안을 제시하였다. 다산은 어떻게 존재해야 하는가 하는 공부를 평생에 걸쳐 했으며, 그것을 실천하기 위한 노력을 지속하였다. 그리고 경전의 독창적 해석을 통하여 유학의 정체에서 벗어나 새로운 사회를 펼쳐가는 영원한 평생학습인의 모델이 되었다.

제
4
장

나눔으로

함께하라

노블레스 오블리주,
권분

　권분(勸分)이란, 스스로 나누어 주기를 권하는 것이니, 스스로 나누어 주기를 권함으로써 관의 부담을 덜어 줌이 많다. 부자들은 저마다 형제가 있고 인척이 있고 이웃 동네가 있고 묘를 수호하는 자가 있으나, 마침 그 성품이 인색하여 구제하기를 즐겨하지 않는다. 그러므로 관에서 이를 권면해서 곡식을 내게 하는 것이니, 이것을 권분이라 한다. 1809년(순조 9년) 6월 20일에 좌의정 김재찬(金載瓚)이 아뢰기를, "흉년에 권분(勸分)하는 것은 옛날의 일로서, 춘추 때부터 이미 있었습니다. 이른바 권분이란, 백성들에게 쌓아둔 곡식을 사사로이 기민에게 나누어 주도록 권하는 것입니다."

_『목민심서』 진황(賑荒) 6조,

제2조 권분(勸分)

권분이란 흉년에 관내 부잣집에게 돈과 곡식을 헌납하거나 대여해 주기를 권하는 것을 말한다. 흉년에 부자들이 양곡을 기부하거나 빌려주도록 하여 어려운 백성들을 구제하도록 하고, 이들에게는 상으로 명예 관직을 주었다. 부자를 뽑아서 양곡을 바치게 하는 일 등으로 부자들이 가난한 백성들과 함께 살아갈 수 있는 방안을 제시하였다.

『목민심서』 진황 6조는 목민관으로서 흉년에 어려운 사람들의 구호에 있어서 필요한 정책 등을 기록한 것이다. 이것은 다산이 황해도 곡산부사 시절과 암행어사 시절 직접 경험한 것을 토대로 실현 가능한 부분을 상세하게 기록한 것이다. 수령이 흉년의 대책으로 양곡 등 모든 자료를 예비하는 일에서부터 구호를 시행하는 일, 구호를 마친 후의 사무처리에 이르기까지의 필요한 사항을 6조로 나누어 조목조목 설명하고 있다. 권분은 오늘날의 '노블레스 오블리주'라고 할 수 있다.

노블레스 오블리주는 귀족들은 태어나면서부터 타고난 신분에 따른 각종 혜택을 받는 만큼, 윤리적 의무도 다해야 한다는 뜻의 프랑스어에서 유래한 것이다. 다산은 관료로서는 물론 유배 현장에서 극도로 피폐한 백성들의 비참한 현실을 바탕으로 목민관들이 백성들을 위해서 무엇을 어떻게 해야 할 것인가를 고민하였다.

다산은 목민심서를 통하여 진정한 목민관의 역할과 사명 의식을 더욱 확고히 하였다. 이 가운데 권분은 가진 자들이 가난하고 굶주린 사람들을 위해 해야 할 일을 자상하게 적시하고 있다. 한편으로 다산은『한암쇄어(寒巖瑣語)』를 통해 권분한 것을 착복한 사례를 들어 당시 관료들의 부패상을 보여주기도 한다.

"권분한 쌀 1백 50석을 돈으로 쳐서 1석에 15냥씩 받아, 합계 2250냥이 사사 주머니에 들어갔다 하기에, 내가 처음에는 믿지 않았으나 조사해 보니 과연 거짓이 아니었다. 이렇게 도둑질한 장물로 기이한 물건을 사들인다. 그래서 옥천의 고운 베, 탐라의 큰 복어, 은쟁반·은합과 5척의 다리, 5색의 대자리 등을 수레에 싣고 짐으로 져다가 권세 있는 집안에 바친다. 그러면, 저 불쌍한 권세 있는 집안은 다만 그들의 녹봉이 본디 많아서 남는 돈으로 이런 물건을 마련하는 줄로 알고 있으니, 누가 권분한 돈이 이런 물건으로 변한 줄 알겠는가. 물건을 받고는 감동하고 기뻐하여 온 집안이 좋아하고, 천지와 귀신이 밝게 살피고 있음은 알지 못한다. 그래서 재앙이 일어나면 그와 함께 패망을 하니 어찌 슬프지 않은가. 그러므로 옛날 재상은 뇌물을 받지 않았으니, 그것은 그 속에 큰 독이 들어 있어 먹을 수 없기 때문이다."

_『한암쇄어(寒巖瑣語)』

부정부패로 어려운 이웃을 위해서 모금한 기부금을 몰래 착복하여 호화 사치품으로 낭비한 사건을 뉴스로 보는 것만 같다. 당시 순박한 백성들은 그들의 봉급이 많아서 남는 돈으로 그런 호사스런 물건을 사는 줄로 알고 있었던 것이다. 누가 감히 기부한 돈으로 이런 물건을 살 줄 알았겠는가. 다사우 그들이 그렇게 산 물건을 받고는 감동하고 기뻐하며 온 집안이 좋아하면서, 천지와 귀신이 밝게 살피고 있음은 알지 못한다고 하였다. 그러다가 발각되면 그와 함께 패망을 하니 어찌 슬프지 않은가.

그러므로 옛날 재상은 뇌물을 받지 않았으니, 그것은 그 속에 큰 독이 들어 있어 먹을 수 없기 때문이었다고 하였다. 다산은 가진 사람들에게 '마음에서 우러나는 베풂을 통한 풍요롭고 의미 있는 삶의 길'을 안내하고 있다. 천지와 귀신이 밝게 살피고 있으므로 자유롭게 궁핍한 이들을 돕도록 권하는 것이다.

200여 년 전의 나눔이 궁핍한 가운데의 경제적 나눔이라면, 정보기술의 발전이 이루어진 21세기 제4차 산업혁명시대의 나눔은 디지털 경제, 즉 정보의 나눔이다. 제4차 산업혁명시대의 소득 격차는 정보와 기술의 가치와 잠재성에 따라서 과거의 경제적 나눔보다도 훨씬 더 크게 나타나고 있다. 이에 따른 상대적 박탈감이나 불평등에 대한 불만이 커지면서 오히려 경제발전을 저해하고, 더 나아가서는 디지털 경제에서 나눔이 더욱더 줄어들 수 있다.

이 때문에 디지털 경제에서 가장 중요한 과제는 '나눔의 경제'라는 것이다. 하루가 다르게 급변하는 시대적 상황은 완전고용이 불가능한 시대이다. 우리의 삶은 모든 구성원의 공동의 부로부터 나온다는 인식의 변화가 필요하다. 혼자가 아닌 함께라는 공동체 의식이 필요하다. 경제적인 것은 물론 지혜의 나눔을 통한 상부상조의 나눔을 통한 새로운 사회적 가치가 요구되는 시대이다. 각자가 할 수 있는 나눔을 통한 실천이 절실하다.

나눔의 의미는 물질적인 것에 국한되지 않는다. 즉 재능을 갖지 못한 사람들을 위하여 자신의 재능을 사용하는 작은 것도 나눔이다. 피아노를 잘 치는 사람이 학생들을 지도한다든지 프랑스어를 잘하는 사람이 못하는 사람을 지도해 주는 것도 나눔이다. 나눔은 사랑의 이웃돕기 회원으로 가입하여 매월 조금씩 경제적으로 후원하는 것부터 시작할 수도 있고, 작은 봉사 활동에 참여하여 함께 나눔을 실천하는 것부터 시작할 수도 있다. 이는 200여 년 전 다산이 보다 살기 좋은 세상을 위해 꾼 꿈이었지만, 지금 우리 사회에 절실히 필요한 꿈이기도 하다.

베푸는 것이
최고의 재화

"세간의 의식(衣食)의 자료나 재화(財貨)의 물품은 모두 부질없는 것들이다. 옷은 입으면 해어지기 마련이고 음식은 먹으면 썩기 마련이며 재물은 자손에게 전해주어도 끝내는 탕진되어 흩어지고 마는 것이다. 다만 한 가지 가난한 친척이나 가난한 벗에게 나누어 주는 것만이 영구히 없어지지 않는다. (중략) 그러므로 재화를 비밀리에 숨겨두는 방법으로는 남에게 베풀어 주는 것보다 더 좋은 것이 없다. 도둑에게 빼앗길 염려도 없고, 불에 타 버릴 걱정도 없고, 소나 말이 운반해야 할 수고로움도 없이 자기가 죽은 뒤까지 지니고 가서 천년토록 꽃다운 명성을 전할 수 있으니, 세상에 이보다 더한 큰 이익이 있겠느냐? 재물(財物)은 더욱 단단히 잡으려 하면 더욱 미끄럽게 빠져나가는 것이니 재화야말로 미꾸라지 같은 것이다."

_두 아들에게 보여주는 가계,

『다산시문집』 제18권

다산은 일찍이 '문과에 급제하고 나서'라는 시를 통하여 자신이 둔하고 졸렬해 임무 수행이 어렵지만, 공정과 청렴으로 정성을 바치겠다고 다짐했다. 다산은 이러한 의지를 관료 생활 내내 초지일관하였다. 특히, 18년 유배 시절에는 수학기 때 다짐했던 공맹의 경학을 재해석하였고, 경세학을 통하여 나라와 백성을 위한 개혁서인 일표이서를 저술하였다. 그리고 해배되어서는 학자들의 비판을 참고하여 저서들을 바로잡고 못다 이룬 저서들을 마무리하여 학문적 업적을 완성하였다.

75세로 생을 마감할 때까지 유년시절에 다짐했던 공과 염을 실천하였고, 또한 유배 18년 동안 '다산학'이라는 위대한 학문적 결실을 창출하였다. 그 가운데 재물에 대한 이야기는 물질 만능 시대인 오늘날 우리에게 시사하는 바가 크다.

특히 다산이 유배지에서 자식들에게 보낸 훈계 중에 재물에 대한 글을 보면, 언제나 재물에 대한 그의 생각이 변함없었음을 알 수 있다. 하루하루가 불안한 가운데 애비 없이 자라는 자식들을 생각하면서 혹여 다른 길로 나갈까 봐 늘 다산은 자식들에게 글과 편지를 통하여 바른 길을 갈 수 있도록 지도하였다. 다산은 "재물은 우리가 먹고 입는 것과 같은 것들이니 모두 부질없는 것들이다. 그리고 옷은 입으면 해어지기 마련이고 음식은 먹으면 썩기 마련이고, 재물은 자손에게 유산으로 남겨 봤자 끝내는 탕진되고 만다"라고 하였다.

그러면서 재물을 영원히 지키는 방법은 가난한 친척이나 가난한 벗에게 나누어 주는 것이며, 그것이 최고라고 하였다. 재화를 비밀리에 숨겨두는 방법으로는 남에게 베풀어 주는 것보다 더 좋은 것이 없다는 다산의 글에서 다산의 나눔 정신을 알 수 있다. 도둑에게 빼앗길 염려도 없고, 불에 타 버릴 걱정도 없고, 소나 말이 운반해야 할 수고로움도 없다고 하였다. 심지어 자기가 죽은 뒤까지 지니고 가서 천년토록 꽃다운 명성을 전할 수 있으니, 세상에 이보다 더한 큰 이익이 있겠느냐고 한다.

그러면서 재물을 저축하는 방법과 저축했을 때의 결과를 자식들에게 상세히도 설명하고 있다.

천년토록 꽃다운 명성을 전할 수 있는 방법이 재물을 욕심내지 않고 함께 나누며 사는것이라는 다산의 이웃사랑과 백성 사랑 정신은 아무리 강조해도 지나치지 않는다. 그뿐만 아니라 "재물(財物)은 단단히 잡으면 잡을수록 더욱 미끄럽게 빠져나가는 것이니 재화야말로 미꾸라지 같은 것이다"라는 다산의 글은 오늘날 부에 몰입하여 패가망신하는 사람들에게 전하는 따끔한 한마디가 되었다.

다산은 채워도 채워도 채워지지 않는 인간의 욕망의 그릇에서 미꾸라지처럼 빠져나가는 재물을 바라보았다. 한때 벼슬길에 있으면서 바라다본 수많은 인간의 재물에 대한 탐욕이 사람을 얼마나 추하게 만들고 유산을 탕진하게 만드는가를 보았다. 다산이 유배지에 있을 때 가진 것이라고는 오직 머릿속에 든 지적 자산뿐이었다. 다산은 그것을 나누며 유배 생활을 즐긴 것이다. 가까이 있는 것, 자신이 갖고 있는 것에 만족하면서 유배를 초월하여 나눔을 실천하고, 이를 통해 제자를 육성하며 자신이 못다 이룬 학문적 연구를 통하여 나라와 백성을 위한 실천적 지혜를 나눈 것이다.

그 기쁨을 다산은 알고 있었다. 하루하루의 삶 속에서 나누고 또 나누다 보니 600여 권의 책으로 나누어진 것이다.

지금도 그 속에 담긴 다산의 지혜는 빛을 보지 못하고 있다. 200여 년 전 다산이 재물은 자손에게 유산으로 남겨 봤자 끝내는 탕진되고 말 거라며 재물을 비밀리에 숨겨두는 방법을 제시하였다. 그것은 바로 남에게 베풀어 주는 것이라고 하였다. 다산이 나라와 백성들에게 나누어준 지적 자산은 지금까지 우리들의 삶 속에 유유히 흐르고 있다.

절약이
나눔의 근본

"절약만 하고 쓰지 않으면 친척이 멀어지니 은혜 베풀기를 좋아하는 것이 바로 덕(德)을 심는 근본이다. 못에 물이 괴어 있는 것은 흘러내려서 만물을 적셔 주려는 것이다. 그러므로 절약하는 자는 남에게 은혜를 베풀 수 있고 절약하지 못하는 자는 남에게 은혜를 베풀지 못한다. 기생을 가까이하고 광대를 부르며, 가야금을 타고 피리를 불리며, 비단옷을 걸치고 높은 말 좋은 안장을 사용하며, 게다가 상관에게 아첨하고 권귀(權貴)에게 뇌물을 쓴다면 그 비용이 날마다 수만 전이 넘을 것이며, 한 해 동안 계산하면 천억 전이나 될 터이니 어떻게 친척들에게까지 은혜를 베풀 수 있겠는가. 절용은 은혜 베풀기를 좋아하는 근본이다.

내가 귀양살이할 때 매양 보면, 수령 중 나 같은 사람을 늘 가엾게 생각하여 도움을 주는 이는 그의 의복을 보면 으레 검소하였고, 의복이 화려하고 얼굴에 기름기가 흐르면서 음란하고 방탕한 것을 즐기는 자는 나를 돌보지 않았다."

_『목민심서』 율기(律己) 6조,
낙시(樂施)

　다산은 남에게 나눔의 은혜를 베풀려면 절약해야 한다고 하였다. 유흥에 빠지고 겉치레에 낭비하고 상관에게 아첨하면서 뇌물이나 쓰면서 지내는 일로 어찌 친척들에게까지 은혜를 베풀 수 있겠는가. 다산은 절용만이 은혜 베풀기를 좋아하는 근본이 될 수 있다고 하였다. 다산은 귀양살이할 때의 경험을 이야기하면서 다산같이 어려움에 처한 사람을 가엾게 생각하여 도움을 주는 대부분의 수령을 보면 매우 검소하여 의복이 화려하지도 않았다고 하였다.

　『목민심서』는 다산의 대표적 저술이다. 1818년(순조 18년)에 정약용이 지방관을 비롯한 관리의 올바른 마음가짐과 몸가짐에 대해 기록한 일종의 행정지침서이다. 지방관리로서 수령이 백성을 위해 해야 할 일을 자신의 경험과 조선과 중국의 역사서를 비롯한 여러 책을 바탕으로 쓴 책이다. 다산은 자신의 경험과 유배 현장에서 일어나는 일들을 통해서 기본적으로 목민관들이 갖춰야 할 실천적 덕목들을 정리했다.

그중에 율기편은 자기 스스로를 다스린다는 내용으로 인격적 자기완성을 말하며, 끊임없는 자기 수양을 통하여 스스로 허물없는 사람이 되어야 함을 강조하고 있다. 자기 수양이 되어야 비로소 청렴한 공직자가 될 수 있다고 하였다. 자기 자신을 다스릴 수 있고, 분노할 일이 있어도 참아내며 스스로 해결할 수 있어야 한다고 하였다. 그리고 그 속에 세부사항으로 낙시(樂施)편에서 다산은 절약만 하고 쓰지 않으면 친척이 멀어지니 은혜 베풀기를 좋아하는 것이 바로 덕(德)을 심는 근본이라고 하였다. 또 가난한 친구나 궁한 친척들은 힘을 헤아려서 돌보아 주어야 한다고 했다.

자기 봉급에서 남는 것이 있어야 남에게 베푸는 법이다. 다산은 관가의 재물을 빼내어 개인을 돌보아 주는 것은 예(禮)가 아니라고 하였다. 그러면서 관에서 받는 봉급을 절약하여 그 지방 백성에게 돌아가게 하고 자기 농토의 수입으로 친척들을 돌보아 주면 원망이 없을 것이라고 하였다. 특히, 귀양살이하는 사람이 객지에서 곤궁하면 불쌍히 여겨 도와주는 것도 어진 사람의 할 일이라고 하였다. 이것은 아마도 자신의 처지를 생각하면서 쓴 사례일 것이다. 그리고 전쟁 때 피란하여 떠돌아다니며 임시로 붙어사는 사람을 불쌍히 여겨 보호해 주는 것은 의로운 사람의 할 일이라고 하였다. 또, 추수하는 주인에게 떨어진 이삭은 전체에 비하면 아주 작은 분량이지만, 가난한 사람들에게는 아무리 작은 것이라도 큰 도움이 될 수 있다고 하였다. 작은 것에 아량과 배려가 담기면, 큰 도움과 감동으로 전달되는 법이라고 하였다. 마음의 배려는 얼마를 갖고 있느냐와 상관이 없다. 마음만 있으면 얼마든지 큰 것을 만들 수 있기 때문이다.

다산은 『목민심서』의 애민(愛民) 6조를 통하여 가진 자는 물론 나라가 앞장서서 약자에 대한 보호를 의무화해야 한다고 하였다. 노인을 봉양하고, 어린이를 보살피고, 가난한 자를 구제하고, 상을 당한 자를 도와주고, 환자를 돌봐주어 재난을 극복해야 한다고 했다.

즉, 백성을 사랑하는 일은 가난한 사람들을 일으켜 세우는 일이라는 것이다. 특히, 홀아비, 과부, 고아, 늙어 자식 없는 사궁(四窮)들은 궁색하여 스스로 일어나지 못하기 때문에 돌보아야 한다고 하였다. 다산은 소위 기본적 사회복지정책의 실행을 주장한 것이다.

200여 년 전 이러한 세밀한 나눔의 지혜를 오늘 다시 꺼내어 봐야 할 이유는, 아직도 여전히 '보호해야 할 약자'들이 있기 때문이다. 그들을 보살펴야 할 공직자와 정치 지도자들이 국민을 위해 스스로 발 벗고 나서 소통하며 삶의 애환을 보살펴주는 나눔의 실천자가 되어야 하며, 그걸 실천하는 자들이 바로 진정한 21세기 리더들이다.

나눔을
실천한 실학자

"여러 일가 중에 며칠째 밥을 짓지 못하는 자가 있을 때 너희는 곡식을 주어 구제하였느냐. 눈 속에 얼어서 쓰러진 자가 있으면 너희는 땔나무 한 묶음을 나누어주어 따뜻하게 해 주었느냐. 병이 들어 약을 복용해야 할 자가 있으면 너희는 약간의 돈으로 약을 지어 주어 일어나게 하였느냐. 늙고 곤궁한 자가 있으면 너희는 때때로 찾아뵙고 공손히 존경을 하였느냐. 우환(憂患)이 있는 자가 있으면 너희는 근심스러운 얼굴빛과 걱정스러운 눈빛으로 우환의 고통을 그들과 함께 나누어 잘 처리할 방도를 의논해보았느냐."

_두 아들에게 부침,
『다산시문집』 제21권

아들들이 "친척들이 잘 도와주지도 않는다"라는 불평불만을 하자, 그것을 듣고 다산이 보낸 편지인 듯하다. 자식들이 옛날을 생각하니 친척들이 조금만 서운하게 해도 모든 게 서운하게 생각되는 것이다. 하지만 다산은 자식들에게 먼저 솔선수범하여 서로 나누고 애로사항에 대하여 살펴보았느냐며 묻고 있다.

흔히 기쁨은 나누면 커지고 슬픔은 나누면 작아진다고 이야기한다. 다산은 자식들에게, 근심스러운 얼굴빛과 걱정스러운 눈빛으로 우환의 고통을 그들과 함께 나누어 잘 처리할 방도를 찾아보라며 타이르고 있다.

유배에서 풀려나 고향으로 돌아온 다산은 인삼 재배에도 힘써 상당한 성공을 거두어 다소간 경제적 여유를 누릴 수 있었다. 다산은 행복한 가정을 위해서 경제적 수익도 중요하지만, 어려운 친척이나 가난한 주위 사람들을 도와줌으로써 함께 나누는 삶을 중시했다. 재물을 잘 관리하는 방법은 남에게 베풀어서 그들의 마음에 오래 남게 하고 명예를 얻는 것이라고 하였다.

이러한 다산의 나눔에 대한 실천은 황해도 곡산부사 시절에도 그 고을에 귀양 와서 사는 사람들을 위한 나눔의 집인 '겸재원(兼濟院)'을 설치하여 그들의 생계를 해결 한 일에서도 확인할 수 있다. 당시 곡산에는 십여 명의 유배객들이 와 있었다. 그런데 그들에 대한 생계 대책이 없어 고을 400호 주민들이 돌아가면서 그들을 돌보며 먹여 주고 있었다. 그러나 유배자들의 숙식 제공을 놓고 주민들과 갈등이 커지자 다산은 주민들이 유배자의 생계를 책임지는 대신 귀향 온 양반들이 마을 아이들을 교육하며 보상하도록 방안을 마련한 것이다. 이름 그대로 양쪽을 다 구제한다는 목적으로 기구를 설립하여 함께 나눔을 통하여 해결하였다. 서로의 불편을 해소토록 제도를 통한 해결책을 강구하였다.

우리가 살고 있는 시대는 핵가족화·개인주의·물질만능주의·고령화 사회로, 이웃과의 관계는 점점 소원해지고 있다. 공동주택의 벽과 벽 사이는 30센티미터도 안 되는데 마음의 벽은 더더욱 두껍게만 느껴져 서로가 나눔을 실천하지 못하고 있다. 그러나 인간은 사회적 동물이기에 관계 속에서 서로 나누고, 이를 통해 행복을 찾고 추구한다. 유영만 교수는 학사와 석사, 박사 위에 존재하는 더 높은 학위가 밥사, 술사, 감사, 봉사라는 학위라고 하였다. 밥사는 함께 일하는 동료를 위해 기꺼이 밥 한 끼 사는 마음을 가진 사람에게 주는 학위이고, 술사는 힘들 때 고민을 함께 들어주면서 술 한잔 사주는 사람에게 수여하는 것이고, 감사는 못 가진 것을 가지려는 욕망에 이끌리지 않고 가진 것에 만족하며 매사에 고마움을 표시하는 사람에게 주는 학위이고, 봉사는 가진 것을 남과 나누면서 더불어 살아가는 세상을 만드는 데 기꺼이 노력하는 사람에게 주는 학위라고 하였다. 이렇게 배우기만 하고 나눌 줄 모르는 것보다 나눔의 덕을 베푸는 사람이 가장 행복한 사람이라고 했다.

나눔은 크게만 생각할 게 아니다. 내가 몸담고 있는 곳에서 내가 할 수 있는 최선의 방법을 통해서 우리보다 못한 사람들과 함께 나누며 살아가는 자세면 충분하다. 나 또한 1995년 3월 31일 언론사 최초로 전 직원을 대상으로 'KBS샘터회'라는 자원봉사단체를 창립하여 나눔을 실천한 경험을 통하여 얼마나 많은 것을 배웠는지 모른다. 나누는 것보다 더 큰 것을 얻는다는 사실을 체험하였다. 한 사람 한 사람이 모여 조금씩 조금씩 나누면 어느 순간 전체는 더 아름다워진다.

빌 게이츠는 이 시대 나눔의 멘토이다. 그는 다양한 분야에서 기부 활동을 활발하게 하고 있다. 그는 백신 사업에 10년간 100억 달러를 기부하기로 서약했으며, 백신 사업과 의료혜택 증진으로 이미 500만 명 이상의 어린아이들을 살렸다. 그는 자신의 재산의 절반이 넘는 돈을 기부했고, 자식들에게는 유산을 천만 달러 이하로 물려주도록 상한선을 정해서 부의 대물림을 막았다.

일찍이 다산은 나눔을 통하여 가족만이 아니라 온 백성들도 공동체의 한 가족으로 보살피며 함께 나눔을 통하여 보다 살기 좋은 세상을 꿈꾸었다. 200여 년이 지난 지금 나 홀로 시대를 살아가는 우리가 다시 한번 되새겨 봐야 할 덕목이다.

공정분배와
나눔을 위한 개혁

"치민이란 곧 목민이다. 따라서 군자의 학은 수신함이 그 반이요, 나머지 반은 목민인 것이다. 성인이 난 지 오래되어 그 말씀도 없어지고 그 도(道)가 점점 어두워졌다. 오늘날의 사목들이 오직 이익을 추구하는 데만 조급하고 어떻게 목민해야 하는지를 몰라서 백성들은 여의고 곤궁하고 병까지 들어 진구렁 속에 줄을 이어 그득한데도 사목하는 자들은 바야흐로 아름다운 옷과 맛있는 음식에 혼자 살이 찌고 있으니 어찌 슬프지 않겠는가."

_『목민심서』,
자서(自序)

요즘으로 말하면 국민들은 어렵고 힘들어 죽을 지경인데 공직자들은 무사안일하고 정치가들은 당리당략으로 그들의 기득권 지키기에 여념이 없는 것과도 같다. 당시 백성들은 찌들고 곤궁하여 병까지 들어 진구렁 속에 그득한데도 가진 자나 권력 있는 자들은 아름다운 옷과 맛있는 음식으로 배불리 살면서 살이 찌고 있으니 어찌 슬프고 한탄스럽지 않겠는가.

다산의 목소리가 귓가에 생생하다. 관료들의 부정부패는 물론 빈부의 양극화로 나라는 피폐해지고 백성들은 굶주림에 허덕이는 상황이 눈에 선하다. 오늘날 TV에 비치는 저 먼 나라 아프리카 빈민들의 모습이 연상된다. 평범한 일상 속에서 열심히 살아가는 백성들의 죄라고는 오직 열심히 자신의 위치에서 일한 것밖에 없다. 그런데 어찌하여 못살고 못 먹고 굶주려야 하는지 그것이 문제였다.

이런 문제의식을 바탕으로 다산은 그동안 오랫동안 고여 썩은 물을 새롭게 채워보기 위하여 천주학과 서학을 통해서 새로운 사상의 토대를 쌓았다. 그리고 그것을 바탕으로 나라다운 나라 백성이 제대로 주인 대접 받으면서 살 수 있는 세상을 꿈꾸며 개혁을 주장하였다. 다산은 청년 시절부터 서양과학에 눈을 뜨고 천주교 신앙에 빠져들면서 이제까지 듣도 보도 못한 새로운 세계가 열리는 정신적 지각변동을 겪었다. 썩고 병들은 세상을 바꾸어 공정하고 청렴한 분배의 정의가 넘치는 나눔의 세상이 되기를 꿈꾸며 불안과 초조의 격동 속에서 오직 진실을 향하여 끝없이 몰입했다.

다산은 성리학의 이념 속에 찌든 두꺼운 벽을 허물어 인간 존재의 의미를 새롭게 재해석하였다. 그리고 다산은 참혹한 고통 속에 허덕이는 민생 현장을 토대로 누적된 사회의 모순을 개혁하기 위하여 구체적인 방향을 제시하는 데 심혈을 기울인 개혁가였다.

"곰곰이 생각하여 보면 하나하나의 털끝만 한 것까지도 병들지 않은 것이 없다. 지금 곧 개정하지 않는다면 반드시 나라를 망치고야 말 것이니 이 어찌 충신 지사들이 수수방관해야 하는가?"라고 할 정도이다.

다산은 일찍이 온 세상이 썩은 지 오래되었다며 부패하다 못해 썩어 문드러졌다고 개탄하였다. 다산은 세상을 개혁하지 않으면 나라는 반드시 망하고 말 것이라며 세상의 개혁을 주장하였다.

그것은 곧 부익부 빈익빈으로 양극화가 더욱 깊어져 너무나 기울어진 운동장을 새롭게 만들어야 한다는 공정과 분배의 나눔 정신이다. 당시는 오늘날과 달리 사회와 학문의 각 분야가 세분화되지 않았기 때문에 그의 개혁사상은 정치, 경제, 사회 그리고 문화, 사상 등 각 방면에 걸쳐 제시되고 있다. 그 가운데 무엇보다 다산의 나눔의 철학은 토지개혁론에서 엿볼 수 있다. 지주제를 인정하는 위로부터의 개혁과, 지주제를 해체하고 자립적 소농이나 중소 상공인의 입장을 지지하는 아래로부터의 개혁을 주장하였다.

먼저, 그는 농업생산력의 향상에 관심을 갖고 자신의 토지개혁안인 여전제(閭田制)를 주장하였다. 여전제의 목적은 토지의 균등 분배를 통하여 토지와 재력이 집중되는 것을 방지하고자 하는 것이었다.

또 경자유전의 원칙에 따라 농사를 짓는 자만이 농지를 얻고, 농사를 짓지 않는 자는 농지를 얻지 못하도록 하였다.

공동생산 활동을 통하여 생산물의 분배는 생산에 참여한 가족의 노동량에 따라 공정한 분배가 이루어지도록 하였다. 또한, 여전제는 토지의 봉건적 소유를 부정하고 공동소유, 공동경작으로 토지를 사회적 공동소유로 규정하였다. 다산은 농사를 짓지 않는 사·공·상은 토지 소유를 하지 못하도록 하였다.

사족의 경우 직업을 바꾸어 농사에 종사하거나 그 밖의 생산 활동, 즉 상업이나 수공업, 교육 등에 종사할 것을 주장하였다. 특히, 사(士)들이 이용후생(利用厚生)을 위한 기술 연구에 종사하는 것을 가장 높이 평가하였다. 다산은 상업뿐만 아니라 수공업 분야에 대해서도 큰 관심을 보였다. 그는 방직 분야 등에서 드러난, 낙후된 국내 기술을 발전시키고 생산력의 향상을 통한 국부를 증대시킬 목적으로 선진기술을 과감히 수용해야 한다고 주장하였다.

또한, 중국으로부터 선진기술을 받아들이기 위해서 이용감(利用監)과 같은 관청을 설치할 것도 제안하였다. 그리고 선박과 수레 제조기술을 장려하기 위해서는 전함사나 전궤사와 같은 관청을 중앙정부에 설치하여 정부 주도로 기술 발전을 해야 한다고 주장하였다.

다산의 개혁은 바로 공정한 분배를 통한 나눔의 철학이었다. 즉 혼잡한 네거리에 새로운 신호체계를 설치함으로써 안정적으로 사람들이 건너고 차들이 질서 있게 통행할 수 있도록 한 것이었다. 다산은 무엇보다 실현 가능한 제도의 개혁을 통하여 공정한 분배를 통한 나눔을 실천할 수 있도록 하였다. 다산은 백성들이 소박한 삶 속에서 함께 나누며 누릴 수 있는 길을 개척하였다. 그 길을 통하여 백성들과 소통하며 백성들이 주인으로서 삶을 살아갈 수 있도록 하였다. 그것은 지금도 우리가 바라는 길이고 유배지에서 다산이 꿈꾸며 찾은 길이었다.

여유가 생긴 뒤에 남을 구제하려 한다면 결코 남을 구제할 날이 없을 것이며 여유가 생긴 뒤에 책을 읽으려 한다면 결코 책을 읽을 기회가 없을 것이다.

_『여유당전서』 중에서

제
5
장

사랑의

울타리는 가족이다

실천적 효(孝)를
강조한 다산

"이것은 예(禮)에 맞는 처사가 아니다. 이는 백성들에게 부모를 이용하여 명예를 낚아 부역(賦役)을 피하게 하고, 간사한 말을 꾸며서 임금을 속이게 하는 짓이다. 따라서 선왕(先王)이 베풀던 지치(至治)의 도리는 아니다. 예(禮)에 있어, 부모의 병을 간호할 적에 약(藥)을 맛보고 음식상을 살펴보고 걸을 때는 팔을 휘젓지 않고 웃을 때는 잇몸을 드러내지 않고 만일에 대비하여 의관(衣冠)을 벗지 않고 있는 등등의 것은 효자로서 당연히 해야 할 일이다. 따라서 애통하고 절박한 마음에 있어 할 수 있는 방법이면 하지 않을 수가 없는 것이다. 이러므로 자신의 손가락을 자르고 자신의 살을 베어 부모에게 드림으로써 만일의 요행이 있기를 기대할 수도 있는 것이다."

_효자론(孝子論),

『다산시문집』 제11권

당시 조선은 사회적으로 가문의 선조들을 무분별하게 효자로 추대하는 일이 너무나 많았다. 다산은 이에 대하여 당시의 현상을 조목조목 들어서 효의 근본 원칙을 따르지 않고 부모를 이용하여 명예와 혜택을 구하고자 임금을 속이거나 예의 원칙에 벗어난 일을 하는 이들이 많다고 날카롭게 비판하였다. 그리고 관리들과 백성들은 이러한 상황을 비판하지 못하고 있다고 하였다.

　다산이 비판한 사례들을 살펴보면 "조부의 아버님이 병을 앓아 위급할 적에 손가락을 잘라 피를 내어 입에 흘려 넣어드렸다. 병을 앓아 위급하게 되신 분을 위해 넓적다리의 살을 베어 구워서 드렸다. 할아버지가 병을 앓으실 적에는 똥을 맛보아 병세를 점쳤다. 할머니가 병들어 앓으시면서 한겨울인데도 죽순이 잡숫고 싶다고 하시자, 눈물을 흘리면서 대밭을 헤매다가 새로 돋아난 죽순 몇 개를 뜯어다 드렸다. 환자가 꿩고기가 먹고 싶다고 하자, 꿩이 처마 안으로 날아들어왔으므로 잡아 드렸다. 얼음이 꽁꽁 언 연못 속에서 잉어가 뛰어올라 왔으므로 이를 꿰미에 꿰어 가지고 와서 요리를 해드렸다. 자라가 엉금엉금 기어서 부엌으로 들어와 해드렸다. 노루가 무너진 울타리 사이로 어슬렁어슬렁 걸어 들어왔다" 등등이었다. 다산은 이처럼 교묘하게 부모를 빙자하여 명예를 훔쳐 부역을 회피하고 간사한 말을 꾸며 임금을 속이며 효의 근본을 훼손하는 것들에 대하여, 효의 근본을 세우고 제대로 된 부모에 대한 효를 다하도록 하는 일에도 관심을 가졌다.

임금님 앞에서 여러 번 응시했으나

마침내 포의(布衣)벗는 영광 얻었네

하늘의 조화(造化)란 깊기도 해서

하찮은 사람 후하게 키워주셨네

둔하고 졸렬해 임무수행 어렵겠지만

공정과 청렴으로 지성껏 봉사하리

임금님의 격려말씀 많기도 해서

그런대로 나이든 아버님 위로 되셨네

屢應臨軒試 終紆釋褐榮

上天深造化 微物厚生成

鈍拙難充使 公廉願效誠

玉音多激勵 頗慰老親情

_정월27일 문과에 급제하고 (正月卄七日賜第 熙政堂上謁 退而有作)

　28살 늦게 과거에 합격하여 벼슬길에 오르면서 다산은 임금과 연
로한 아버지께 기쁨의 소식을 전했다. 그리고 "임금께는 하찮은 사람
을 이렇게 후하게 키워주셨으니 둔하고 부족해 임무 수행이 어렵겠
지만 공정과 청렴으로 혼신을 다해 정성껏 봉사하겠다며 임금께 감
사와 충성을 맹세하겠습니다. 그리고 홀로 계신 아버님께 임금님의
격려 말씀 잘 받들어 이렇게 과거에 합격하여 연로하신 아버님께 위
로가 되리라 믿습니다. 앞으로 자식으로서 집안과 나라를 위한 목민

관으로 아버님께 기쁨이 되게 하겠습니다."라며 다짐했다. 마음에서 우러나오는 참된 효를 다한 것이다.

"효자(孝子)가 그 어버이를 봉양하는 것은 그 마음을 즐겁게[養志] 해 드리는 데 있다. 그러므로 성인이 구체(口體:맛있는 음식과 좋은 의복)만을 봉양하는 것을 깊이 경계하였다. 그러나 세상의 도의가 무너져서 구체를 봉양하는 자도 문득 찾아보기 드문 터이라, 구체라도 잘 봉양하는 자가 있다면 이는 곧 효자의 유인 것이다. 더구나 서민의 뜻은 대인 군자와 달라서 구체 외에 다른 뜻을 가진 이가 드무니 곧 구체를 잘 봉양하면 그 부모는 필시 마음까지 아울러 봉양을 받게 되는 것이 아니겠는가. 소 서민들이야 구체를 봉양하는 데에 어찌 또한 힘쓰지 않을 것인가."

_곡산향교를 효를 권장하는 글,
문집 22권

다산의 효에 대한 생각과 실천은 자신의 부모를 초월하여 세상의 어른들에게까지 확장되었다. 다산은 36세 때 황해도 곡산부사로 재직하면서 「논곡산향교근효문(論谷山鄕校勸孝文)」을 통해 사람들이 깨달아 알아듣도록 타이르면서 실사구시적인 효를 강조하였다.

다산은 삶 속에서 효라는 것이 무엇인가를 실생활 속에서 파헤치듯 이야기하고 있다. 즉, 또 한 마리의 병아리라도 얻게 되면 곧바로 읍내에 내다 팔아서 돈만 만들려고 할 뿐, 옷 하나 짓고 국 한 그릇 끓

여서 어버이를 즐겁게 해 드릴 생각은 하지 않는다며 '이 얼마나 슬픈 일인가'라며 탄식을 하였다.

좀 더 나아가 아직은 가정 형편이 넉넉하지 못하여 부모 봉양에 쓸수 없고 장차 훗날 집이 부요해지기를 기다리겠다는 생각을 한다. 하지만 아! 바람 탄 나무는 항상 고요할 수 없거니와 어버이의 나이가 어찌 영원히 머물러 있으랴. 진실로 가는 시간을 아까워하는 효자가 있을진대 마땅히 깊이 생각해보아야 할 일이라도 있을 때 효를 하라며 권하는 내용이다.

다산은 효의 근원이 사랑이라는 점에서, 보다 넓은 차원의 효를 통해 백성들에게 애민정신을 발현한 진정한 효행자였다.

시련과 고난을
함께한 형제들

다산 형제자매는 누나와 형 셋에 남동생 하나로 5남 1녀였다. 아버지 정재원의 첫 번째 부인 의령남씨는 딸 하나와 정약현을 낳았고, 두 번째 부인인 해남윤씨는 정약전, 정약종, 정약용을 낳았다. 그리고 세 번째 부인인 점성 김씨는 첩으로 정약횡을 낳았다. 큰형님의 딸 누이는 한국천주교회 창설자의 한 사람으로 한국인 최초의 세례를 받은 이승훈과 혼인하였다. 큰형님인 정약현은 늦게 45세에 진사시험에 합격하여 관직 생활은 못 하고 집안을 지켰다. 하지만 정약현은 정약용에게 천주교를 전파한 이벽의 처남이었고, 황사영이 큰사위였다는 점에서 천주교와 인연이 깊다.

둘째 형 정약전은 아버지를 따라 서울로 와서 여러 학자와 교류하면서 학문을 넓혔고 천주교를 접하게 되었다. 정약전은 동생인 정약종에게 천주교를 전도하였다. 그러나 그는 천주교에 대한 탄압이 심해지자 천주교를 그만두었다고 한다. 그는 과거에 급제하여 동생 정약용과 함께 정조의 후의를 받으면서 같이 일을 하기도 하였다. 셋째 형 정약종은 둘째 형 정약전한테 천주교를 배우고 매형인 이승훈한테 세례를 받았다. 정약종은 누구보다 철저한 신앙심으로 교리교육과 선교 활동에 적극적이었다. 1795년 이승훈과 함께 청나라 신부 주문모를 맞아들이고 한국 최초의 조선천주교 회장을 지냈다.

특히, 그는 한글 교리서인 『주교요지』를 저술하여 민중들의 영적인 양식을 제공하였다. 마지막 동생 정약횡은 서자 신분으로 관직을 지내지 않고 사람들의 병을 돌보는 생활을 하며 일생을 보냈다.

이처럼 다산의 형제자매는 서로 배가 다른 형제였으나 천주교를 통하여 직간접적으로 소통하였다. 그러면서 큰형님 정약현은 집안을 지켰고 둘째 형 정약전은 관료로서, 셋째 형 정약종은 천주교를 통하여 민중들의 영적인 양식을 제공하였다. 하지만 급작스런 정조의 죽음과 더불어 반대파들의 정치적 탄압으로 다산의 형제들은 하루아침에 폐족이 되었다.

셋째 형 정약종은 다른 천주교 지도자들과 함께 체포되어 서소문 밖에서 참수형을 당하였다. 그의 장남 정철상도 형장에서 순교하였다. 정약종이 체포당하기 전, 정약용은 살기 위해 형을 고발해야 하는 처지에 있었다. 하지만 다산은 "위로는 감히 임금을 속일 수 없고 아래로는 형을 증거로 삼을 수 없다. 오늘 한 번의 죽음만이 있을 뿐이다"라며 죽을 각오로 심문에 응하였다. 혼자 살기 위해서 형을 증거

삼을 수 없었다. 하지만 정약종은 오히려 체포되어 두 형제의 증인이 되었다. 두 형제가 천주교를 배우지 않아서 한스럽다고 증언하였기 때문이다. 죽음의 계곡에서 벗어난 다산과 둘째 형 정약전은 정계에서 축출되어 각각 강진과 흑산도로 유배를 떠나게 되었다.

상상할 수도 없는 형제자매들의 운명은 천주쟁이라는 빌미로 반대파의 정치적 탄압으로 하루아침에 죄인 신세가 되었다. 누구를 시기하거나 미워하거나 잘못한 것도 없이 천주교의 사랑과 서학의 새로운 문물을 통하여 불의한 세상을 보다 잘사는 세상으로 만들자는 꿈을 꾸었다는 죄로 온 집안이 쑥대밭이 되어버렸다. 지상을 버리고 천상으로 간 형과 조카들 그리고 먼저 간 친구들을 생각하면 잠을 이룰 수가 없었다. 특히 율정삼거리에서 헤어진 형 정약전과의 이별은 더더욱 마음을 무겁게 하였다. 두 형제는 피눈물을 흘리며 헤어져 영원히 만나지 못하고 정약전은 다산이 1818년 해배되기 2년 전에 흑산도에서 사망하였다. 두 형제는 서로 편지를 주고받으며 위로하며 지냈다. 특히 다산은 자신의 저술을 스승과도 같은 형을 통해서 검수받아 수정 보완을 하였다. 그때마다 형은 꼼꼼하게 읽어 보고 피드백을 해서 보냈다. 그리고 본인 역시 해양박물학 사전인 『자산어보(玆山魚譜)』를 저술하기도 하였다. 다산은 외딴 흑산도에서 외롭고 고달프게 귀양살이를 하는 둘째 형님에 대한 걱정과 안타까움이 곳곳에 드러나 있다. 형님의 건강을 걱정하여 개고기 요리법을 글로 알려주기도 하고 옴 치료에 도움이 되는 약을 보내 주기도 한다. 또 시에는 이런

부제가 붙어있다. "내가 앓고 있는 고질적인 부스럼과 옴이 요즈음에
는 더더욱 심해져 손수 제가 고라는 연고를 만들어 바르고 나아서 보
내드린다"라고 하였다.

> 이놈의 옴 근질근질 늙도록 낫지 않아
> 몸뚱이를 차 볶듯이 찌고 쬐고 다 했다네
> 데운 물에 소금을 타 고름도 씻어내고
> 썩은 풀 묵은 뿌리 뜸 안 뜬 것이 없다네
> 벌집을 배게 걸러 거기에서 즙을 짜고
> 뱀허물을 재가 안 되게 살짝만 볶은 다음
> 단사 넣어 만든 약을 동병상련 마음으로
> 자산의 사환 오기만 두고서 기다린 다네

_유합쇄병을 부쳐온 운에 화답하다,
『다산시문집』 제5권

  정약전은 유배지인 우이도에서 흑산도로 들어가 살다가 동생의 해
배 소식을 들었다. 그리고 "나의 아우로 하여금 나를 보기 위하여 험
한 바다를 두 번이나 건너게 할 수 없다"며, 흑산도 주민들의 반대에
도 불구하고 우이도로 건너와서 동생을 기다렸다. 그러나 풀려나기로
한 다산은 강준흠의 상소에 막혀 해배되지 못했다. 손암은 우이도에
서 3년 동안을 기다리다 세상을 떠났다. 다산초당에서 둘째 형의 부음

을 들은 다산은 목 놓아 울며, "율정에서의 이별이 끝내는 죽을 때까지 만나 보지 못하는 천고의 이별이 되고 말았구나!"라며 탄식했다.

정약전의 죽음을 가장 슬퍼한 사람은 동생 다산이었다. 그는 외로운 유배 생활 속에서 오직 둘째 형님만이 친구였다며 비통해하였다. 실제 다산은 강진유배 시절 형과 편지를 주고받으며 학문적 교류를 해 왔으며, 저작물마다 그의 의견을 수렴하였다. 다산은 형이 죽은 후에도 제자인 이청과 이강회를 각각 흑산도와 우이도에 보내 형의 저서를 정리하도록 하였다. 형에 대한 다산의 애틋한 사랑이 얼마나 깊었는지 알 수 있다. 그렇게 해서 오늘날 『현산어보』와 『표해시말』이 전해질 수 있었다. 다산은 유배지 강진에서 형과 학문적인 소통을 통해서 불안한 삶을 추스르며 서로를 위로하며 삶의 끈을 이어가고 있었다. 절망적인 상황 속에서 시련과 고난을 초월한 그의 학문적 열정은 형과의 다정한 소통 속에서 더욱더 매진할 수 있는 원동력이 되었다. 형제가 유배지로 떠나면서 나주 율정점에서 본 것이 마지막이 되었다. 다산은 해배되어 고향에 돌아와 큰형님인 정약현과 함께 부모님의 묘소에 성묘를 가고, 큰 조카의 결혼식에 참석하기 위해 춘천까지 여행하며 미처 함께하지 못한 형제의 우애를 한껏 즐겼다.

아우 셋이 감옥에 갇혀 약종은 죽고, 약전과 약용은 유배를 가면서 온 집안이 풍비박산 났을 때에 꿋꿋하게 집안을 지키고 이끈 큰 형님에 대하여 감사로 형제애를 나누었다. 시련과 고난을 초월한 형제들의 힘이 다산의 훗날을 즐겁게 하였다. 혼자보다 함께 나누면 멀리

갈 수 있다는 것을 다산 형제는 보여주었다.

이병태 카이스트 교수는 "사회적으로 고립된 개인은 스트레스를 해소할 기회를 찾지 못한 채 우울과 불안 등 부정적 감정에 사로잡혀 때로는 극단적 폭력성을 드러낸다"라고 하였다. 오늘날 급격한 인구의 감소와 '나홀로 시대'의 도래로 초래되는 사회적 문제를 지적한 것이다. 통계청이 발표한 자료를 보면 2019년 10월 기준 1인 가구는 603만 9000가구로 전년보다 25만 1000가구(4.3%) 늘어 계속 속도가 크게 빨라지고 있다. 이에 따라 전체 가구(2018만 3000가구)에서 1인 가구가 차지하는 비중은 29.9%로 열 집당 세 집은 나 홀로 가구인 셈이다. 원인은 분가한 청년이 결혼을 늦게 하고, 고령화로 인해 배우자와 사별한 가구가 늘어난 것 때문이라고 한다.

전문가들은 이렇게 나홀로 고립된 개인이 늘어나면 전통적인 가족의 해체뿐 아니라 공동체의 분열로 이어질 수 있다고 진단한다. 사회적 안전망이 없는 상황에 최소한의 가족 울타리까지 사라지면서, 한 사람 한 사람이 완전한 개인으로 노출되어 불완전한 '혼자'가 불안한 사회를 만들게 된다는 것이다. 상상할 수도 없는 시련과 고난 속에서 함께 형제애를 발휘하여 죄인의 누명을 벗고 사랑하는 가족과 함께 한 노년을 즐긴 다산의 형제애가 오늘을 사는 우리에게 시사하는 바가 크다.

폐족을 살린 사랑의
울타리, 가족

가화만사성(家和萬事成)이란 말이 있다. 집안이 화목하면 만사가 술술 잘 풀린다는 말이다. 다산의 가정은 하루아침에 별이 땅에 떨어지듯 초토화되어버렸다. 내동댕이쳐진 신세로 자기 몸 하나 가누기조차 힘든 상황에서 어느 것 하나 손댈 틈도 없이 떠나왔다. 하지만 몇 달 뒤 집에서는 하인 편에 약술과 옷 그리고 다산이 좋아하는 찰밥을 보내왔다.

다산은 아내의 정성에 온몸에 생기가 돌았다. 그 어떤 보약과 비교할 수 없었다. 하지만 다산의 머릿속은 늘 자식들의 미래에 대한 걱정으로 가득했다. 한창나이에 폐족으로 낙인찍혀 자포자기로 집안을 돌보지 않고 잘못될까 봐 걱정이었다. 그래서 다산은 늘 편지에 자신의 마음을 담아 보냈다. 때로는 엄한 아버지로서 독서 교육을 시켰고,

어느 땐 유배지로 불러 가르치기도 하였다. 독서는 물론 부모와 형제에 대한 효제 및 도덕 교육, 집안 경제를 위한 교육 등등 다양한 교육을 통하여 집안의 안정과 평안을 위한 실천적 교육을 하였다.

다산에게 있어 언젠가는 집안을 새롭게 일으켜 세워야 한다는 책임감은 컸다. 다산은 행복한 가정을 세우기 위해 자식들에게 제가(齊家), 치가(治家), 기가(起家), 보가(保家)의 4가지 원칙을 제시하였다.

제가(齊家)는 효도, 공경, 사랑, 화목 등으로 가족 친척 간에 서로 아끼고 사랑하는 덕목이다. 치가(治家)는 가정의 경제를 잘 관리하는 것으로 밭 갈고 길쌈하고 의복과 먹는 문제 농사짓고 가축 치는 것 등 의식주에 관한 문제이다. 기가(起家)는 가정의 부흥을 위한 일로 뜻을 세워서 학문을 지향하고 사물에 대해 연구해 이치를 밝히고 책을 초록하며 즐기도록 하는 일이다. 보가(保家)는 폐족으로부터 가정의 보전을 위해 은덕을 쌓고 분노를 징계하고 분수에 만족하고 어려움을 견디며 천명을 알고 즐기며 사욕을 물리치고 천리를 따르는 것이라고 하였다.

향리에 살면서 과원(果園)이나 채소밭을 가꾸지 않는다면 천하에 쓸모없는 사람이다. 나는 지난번 국상(國喪)이 나서 경황이 없는 중에도 만송(蔓松) 열 그루와 향나무 두 그루를 심었었다. 내가 지금까지 집에 있었다면 뽕나무가 수백 그루, 접목(接木)한 배나무가 몇 그루, 옮겨 심은 능금나무 몇 그루가 있었을 것이며, (중략) 채소밭을 가꾸는 요령은 모름지기 지극히 평평하고 반듯하게 해야 하며 흙을 다룰 때는 잘게 부수고 깊게 파서 분가루처럼 부드럽게 해야 한다. 씨를 뿌릴 때는 지극히 고르게 하여야 하며, 모는 아주 드물게 세워야 하는 법이니, 이와 같이 하면 된다. 아욱 한 이랑, 배추 한 이랑, 무우 한이랑씩을 심고, 가지나 고추 따위도 각각 구별해서 심어야 한다. 그러나 마늘이나 파를 심는 데에 가장 주력하여야 하며, 미나리도 심을 만하다. 한여름 농사로는 오이만 한 것이 없다. 비용을 절약하고 농사에 힘쓰면서 겸하여 아름다운 이름까지 얻는 것이 바로 이 일이다.

_두 아들에게 부침,
『다산시문집』 제21권

다산은 자식들에게 "고향에 살면서 과수원이나 채소밭을 가꾸지 않는다면 천하에 쓸모없는 사람"이라고 한다. 그러면서 자신은 정조가 죽었을 때도 만송(蔓松, 덩쿨소나무) 열 그루와 향나무 두 그루를 심었다고 하였다.

심지어 다산은 자식들에게 채소밭 가꾸는 요령까지 상세하게 전하고 있다. 채소밭은 모름지기 지극히 평평하고 반듯하게 해야 하며 흙을 다룰 때는 잘게 부수고 깊게 파서 분가루처럼 부드럽게 해야 한다. 씨를 뿌림에는 지극히 고르게 하여야 하며, 모는 아주 드물게 세워야 하는 법이니, 이처럼 하면 된다. 다산은 말만이 아니라 실천을 통해서 자식들에게 집안을 일으켜 세워야 한다는 것을 강조하였다.

또 다산은 집안의 화목과 행복을 위해 사치와 나태를 경계하고 화목과 공경을 강조하는 4가지 잠(箴, 훈계)인 태잠(怠箴), 사잠(奢箴), 목친잠(睦親箴), 원세잠(遠勢箴)을 지어서 자식들이 경각심을 갖고 실천토록 하였다.

경계하여 깨닫고
힘써 노력해서
마음을 다스리고 성품을 길러야
미끄러지듯이 선을 행하게 된다
그러니 김도 매고 길쌈도 하여
집의 형세를 늘려야 한다
아 나의 여러 아들과
나의 여러 며느리들아
공경히 나의 말을 들어서
허물이 있지 않게 할지어다

戒之惺心 勉之努力
治心養性 踢躝爲善
爰耔爰績 俾室有衍
嗟我諸男 及我諸婦
敬聽台言 毋俾有咎

_태잠(怠箴), 『다산시문집』 제12권

태잠(怠箴)은 태만하지 말고 마음을 다스리고 성품을 기르는 동시에 김도 매고 길쌈도 해서 집의 형편을 늘려야 한다고 가르쳤다.

보리밥을 단단하여 맛없다 마라
앞마을에는 밥을 짓지 못한 집도 있다
삼베옷을 거칠다고 말하지 마라
저 사람은 그것도 없어 붉은 살이 보인다
아 나의 여러 아들과
나의 여러 며느리들아
공경히 나의 이 말을 들어서
허물이 있지 않게 할지어다

毋曰麥硬 前村未炊
毋曰麻麤 視彼赤肌
嗟我諸男 及我諸婦
敬聽台言 毋俾有咎

_사잠(奢箴), 『다산시문집』 제12권

사잠(奢箴)은 먹고 입는 것을 사치하지 말고 검소하게 살 것을 당부하면서 낙은 급하게 누리지 않아야 하고 복은 한꺼번에 다 받지 않고 두고두고 아껴야 한다고 가르치고 있다.

형제가 난(難)을 급하게 여기는 것은

나라의 법으로도 관용하는 바이다

진실로 웃기만 하고 걱정하지 않는다면

백성들이 그를 잔인하다 할 것이니

이것을 생각하고 이것을 궁구하여

나의 천륜을 돈독히 할지어다

이에 모든 종족에 미쳐서도

화목하고 인애하라

밖에서 유인함을 따르지 말고

오직 안을 잘 닦아서

영세토록 잊지 말게 하여

허물이 있지 않도록 할지어다

兄弟急難 邦憲攸寬

苟褒以恝 民曰其殘

念玆繹玆 篤我天倫

爰及諸宗 維睦維仁

無從外誘 惟內其修

永世勿諼 毋俾有尤

_목친잠(睦親箴),『다산시문집』제12권

목친잠(睦親箴)은 형제간에 서로 위로하고 도우며 종족 간에도 화목하고 사랑해야 한다고 훈계하고 있다.

벼슬길이란 예측할 수 없으므로
잠깐 사이에 변괴가 일어나게 되면
별이 떨어지고 뇌전이 치는 듯이
신속하고도 요란하게 세력이 무너져서
기와 깨지듯 하며 모래가 흩어지듯 하고
풀을 베어내고 짐승을 사냥하듯 하며
나머지 불꽃이 사방으로 쳐대어
하나도 요행히 면하는 자 없게 된다

風雲不測　變起俄頃
星隊電擊　奮迅砰訇
瓦裂沙壞　草薙禽獮
餘燄四撲　罔或倖免

_원세잠(遠勢箴), 『다산시문집』 제12권

원세잠(遠勢箴)은 권력의 무상함을 이야기한 것으로 아무리 높아도 잠깐 사이에 무너지고 뒤집어질 수 있으므로 권세를 멀리하라는 것이다. 이것은 다산이 자신의 경험을 반영한 메시지로 후세의 자손들에게 경고하는 메시지일 것이다.

가정은 우리 삶의 든든한 사랑의 울타리이다. 그리고 가족은 세상에서 가장 아름다운 이름이다. 다산은 가족들이 처형되고 유배되어 집안이 초토화되고 어디 마음 둘 곳도, 몸 머물 곳도 없이 외롭고 고단한 상황이었다. 하지만 남은 가족들 간의 화목이 그의 든든한 울타리가 되었다. 근본적인 사랑의 울타리는 우리 삶 속의, 사람 중심의, 사랑의 울타리이다. 다산은 힘들고 외로울 때 가족들의 사랑의 울타리를 바라보며 나누는 사랑의 속삭임이 불안한 마음의 위로가 되고 평정심의 바탕이 되었다.

유배의 고통보다
자식의 미래 걱정

ᄂ

옛날이나 지금이나 자식 교육이 가장 큰 걱정거리다. 다산은 유배지에 있는 동안 자식들 걱정이 앞섰다. 왜냐면 한창 커나갈 때 아비가 죄인으로 유배를 당해 자식들의 앞길이 막막할뿐더러 이제는 과거시험도 볼 수 없고 조정의 관료로서 출세길도 막혀 절망적인 삶으로 잘못될지도 모른다는 걱정 때문이었다.

유배지에서 할 수 있는 건 오로지 편지로 연락하는 것뿐이었다. 그래서 그때그때 서신을 띄웠다. 그렇게 띄운 편지가 18년 유배 동안 27통으로 지금은 그 편지의 내용이 너무나 구구절절해서 한 권의 책으로 출판되어 부모들의 자녀 교육 지혜서로 읽히고 있다.

유배 기간 몇 번은 자식들을 불러 직접 가르치고 챙기기도 하였지만 그래도 함께하지 못하고 계속 지켜볼 수도 없는 상황에서 다산은 자식들의 교육을 위해 필요한 모든 것들을 편지로 대신한 것이다. 훈계와 교훈의 서신을 넘어 구체적 실천적 방법론까지를 적시한 편지로 자식들이 실천하지 않고는 배겨나지 못할 만큼 철저하고 세밀한 편지였다. 그만큼 다산은 애비 없는 자식들이 행여나 잘못될까 봐 노심초사하며 유배지 땅끝 마을에서 원격으로 가르쳤다. 지금의 비대면 원격 교육과 다를 바가 없다.

자식들에게 보낸 편지가 얼마나 치밀하고 구체적인가를 한 통의 편지를 보면 알 수 있다. 다산이 자식들에게 가장 강조한 독서에 대한 이야기이다. 폐족에서 헤어날 수 있는 길은 독서뿐이라며 자식들에게 독서를 권장하면서 보낸 편지는 오늘날 우리들에게도 독서의 필요성을 깨닫게 한다.

내가 너희들의 의지와 취향을 보니, 문자를 폐지하려고 하는 것 같은데, 참으로 하나의 비천한 백성이 되려고 그러느냐? 청족일 때는 문자를 하지 않아도 혼인도 할 수 있고 군역도 면할 수 있거니와, 폐족이 되어서 문자를 하지 않는다면 어떻게 되겠느냐? 문자는 그래도 여사에 속하거니와, 학문을 하지 않고 예의가 없으면 짐승과 다를 것이 있겠느냐? 폐족 중에 왕왕 유능한 인재들이 많은데, 이는 다름이 아니라 과거(科擧) 공부에 얽매이지 않기 때문에 그러한 것이니, 절대로 과거에 응시할 수 없다 하여 스스로 좌절되지 말고 경전(經傳)에 힘과 마음을 써서 책 읽는 자손이 끊어지지 않게 하기를 간절히 빈다. (중략) 책을 가려 뽑는 초서 방법은, 나의 학문이 먼저 주관이 있어 확립된 뒤에야 옳고 그름을 판단할 수 있는 저울이 마음속에 있어서 취하고 버리는 것이 어렵지 않게 되는 것이다. 학문의 요령을 지난번에 말해 주었는데, 필시 네가 잊은 게로구나. 그렇지 않다면 무엇 때문에 초서(鈔書)에 의심을 하여 이러한 질문을 하였겠느냐? 언제나 책 한 권을 읽을 때에는 학문에 보탬이 될 만한 것이 있으면 뽑아 모으고, 그렇지 않은 것은 눈을 붙이지 말아야 한다. 이렇게 한다면 비록 백 권의 책이라도 열흘 동안의 공부에 지나지 않을 것이다.

_『다산시문집 21권』

다산은 자식들과 주고받은 편지 속에서 자식들의 동향을 다 파악하고 있다. 그러면서 비천한 백성이 되려면 뭔 짓을 못 하겠냐며 나무라는 모습이 오히려 대면해서 나무라는 것보다 생생하게 느껴진다. 애비가 관직에 있을 때야 너희들이 공부를 하지 않아도 혼인도 할 수 있고 군역도 면할 수 있었겠지만, 폐족이 되어 죄인인 집안에 누가 시집을 오겠느냐며 자식들에게 충격 요법을 던지고 있다.

그리고 학문을 하지 않고 예의가 없으면 짐승과 다를 것이 없다며, 폐족 중에 왕왕 유능한 인재들이 많은데 그것은 다름이 아니라 과거에 얽매이지 않고 열심히 학문을 익혔기 때문이라고 하였다. 절대로 과거에 응시할 수 없다고 하여 스스로 좌절하지 말고 경전에 힘과 마음을 써서 책 읽는 자손이 끊어지지 않게 하기를 간절히 바라는 애절한 부탁을 한다.

그뿐만 아니라 공부하는 방법에 대해서도 이미 알려주었는데 제대로 이해하지 못하고 있다면서 초서에 대해서 다시 한번 가르쳐주고 있다. 무엇보다 학문을 위해서는 먼저 주관이 있어야 하고 그 뒤에 옳고 그름을 판단할 수 있는 저울이 마음속에 있어서 취하고 버리는 것이 어렵지 않게 되는 것이라며 언제나 책 한 권을 읽을 때에는 학문에 보탬이 될 만한 것이 있으면 뽑아 모으고, 그렇지 않은 것은 눈을 붙이지 말라고 하였다.

오늘날 자식들의 교육을 이만큼 자상하게 그리고 논리적으로 그들의 눈높이에 맞도록 지도하고 있는 부모가 과연 얼마나 될까? 유배지에서 독서와 학문에 대하여 실질적으로 자신이 경험한 것을 바탕으로 하나에서 열까지를 구체적으로 가르치고 있는 다산의 모습이 생생하게 느껴지는, 대단한 부모의 가르침이다. 자식들의 상황을 구체적으로 파악하고 그들의 심정을 공감하면서 끈질기게 훈육하는 모습은 200여 년이 지났지만 우리 눈앞에 생생하게 느껴진다.

특히, 편지 속에서 다산은 질문의 형식으로 그의 가르침을 전달하고 있다. 질문을 통하여 자식들이 자신들의 행동을 되돌아보며 생각할 수 있도록 한 점은 오늘날 교육적 관점에서도 질문 기법이 얼마나 중요한지 알 수 있는 대목이기도 하다. 그뿐만 아니라 독서가 모든 학문의 기본이라는 것을 통해 자식들이 기본을 철저히 익히도록 한 것은 오늘날 입시 위주의 시험성적 올리기에 바쁜 자녀들의 교육에 경종을 울리는 내용이다.

독서에 대하여 토론토 대학 인지심리학 오틀리 교수는 '독서는 소

149

통의 기적'이라고 하면서, 독서를 통해 타인의 의견과 생각을 받아들이는 공감 능력을 배우게 된다고 하였다. 또 요크대 연구팀은 MRI를 통해 수백 명의 실험자를 대상으로 뇌를 촬영해보니 뇌 영역이 우리가 일상생활에서 타인을 이해하는데 관여하는 뇌 영역보다 독서를 할 때 훨씬 커졌다고 한다. 아마도 다산의 뛰어난 통찰력이 200년 후의 이러한 내용을 꿰뚫었을지도 모르겠다.

유배지에서 보낸 편지는 서로 소통하며 공감하면서 독서로 학문을 이루어 집안을 살리길 바라던 다산의 간절한 소망이 자식들의 귓가에 생생하게 들리는 징 소리가 되었다.

다산의
러브스토리

해는 이미 석양인데 갈바람 속 금강 머리
붉은 배는 예와 같이 중류에 둥실 떴네
기억도 새로워라 이십 년 전 그 일들이
남으로 갈 길손의 수심을 자아낸다

殘照西風錦水頭 紅船依舊泛中流
分明二十年前事 惹起南征一路愁

정유년(1777) 겨울에 아내를 데리고 화순을 가면서 이 물을 건넜음.
_금강을 건너면서[渡錦水] 아내에게 주다,
『다산시문집』제4권

1801년 청천벽력 같은 일로 강진으로 유배 가는 길, 금강나루에 도착하니 20년 전 아내와 함께 건너던 옛 추억이 떠오른 것이다. 15살에 결혼하고 부친이 화순 현감으로 부임하여 그곳을 방문하러 아내와 함께 건넜던 금강 나루터였다. 그런데 어찌 운명이 이리되어 유배길이 되었단 말인가. 금강을 건너며 만감이 교차했다. 눈물로 밤을 지새울 아내를 생각하니 금강이 온통 눈물바다 같았다. 하지만 다산은 아내와 함께 다정하게 건넜던 금강 나루터의 추억을 되새기며 멀리 남쪽 땅끝으로 무거운 발걸음은 옮겼다.

그리고 다산의 부부 사랑은 「하피첩(霞帔帖)」 없이는 이야기할 수 없다. 18년 유배 생활은 긴 헤어짐의 시간이었다. 한양 출신인 부인 홍씨는 다산 유배 생활 18년 동안 마재에서 혼자 힘들게 집안 살림을 하였다. 유배를 떠난 지 8년째 서러움과 원통함으로 세월을 보내던 부인 홍씨는 남편의 그리움에 시집올 때 입고 왔던 예복 치마에 마음의 정을 포개어 다산에게 보냈다. 가장이 없는 외롭고 힘겨운 삶으로 긴 유배를 떠난 집은 말할 것 없이 궁핍했다. 다산이 유배를 떠났을 때 두 아들은 19세, 16세였고, 막내딸은 8살이었다.

아들들은 이제 새로운 삶을 시작할 나이였고, 막내딸은 눈에 넣어도 아프지 않을 만큼 사랑스러울 때였다. 이렇게 한창일 때 아이들과 부인을 남겨두고 먼 길에 오른 다산의 마음은 칼로 살을 에는 듯하였다.

다산의 살림살이는 풍족하지 못하였다. 한양에 살면서도 집에 먹을 것이 없어서 종아이가 옆집 호박을 훔쳐다 죽을 쏠 정도였다. 그

때의 일을 「호박넋두리南瓜歎」라는 글을 보면 알 수 있다. 부인은 생계를 꾸려나가기 위해 가재도구를 내다 팔거나 양잠 등을 하기도 했고, 두 아들은 농사를 지었다.

이렇게 힘들게 수확한 마늘을 팔아 큰아들이 다산을 만나러 강진을 찾기도 하였다.

"내가 강진에서 귀양살이하고 있을 적에 병이 든 아내가 헌 치마 다섯 폭을 보내왔는데, 그것은 시집올 때 입는 활옷으로서 붉은빛이 담황색으로 바래서 글을 쓰기에 알맞았다. 이리하여 이를 재단, 조그만 첩을 만들어 손이 가는 대로 훈계하는 말을 써서 두 아이에게 전해준다. 다음 날 이 글을 보고 감회를 일으켜 두 어버이의 흔적과 손때를 생각한다면 틀림없이 그리는 감정이 뭉클하게 일어날 것이다. 이것을 '하피첩(霞帔帖)'이라고 명명하였는데, 이는 곧 붉은 빛깔의 치마라는 홍군의 전용된 말이다. 가경 경오년(1810년, 순조 10년) 초가을에 다산의 동암에서 쓰다."

_하피첩에 제함,
『다산시문집』 제14권

부인 홍씨는 16살 꽃다운 청춘, 시집올 때 입고 와 장롱 속에 곱게 간직한 홍치마를 꺼내 들고 가슴속 못다 한 이야기들을 첫사랑의 치마폭에 풀어 넣었다. 흘러내린 눈물이 치마폭에 떨어져 얼룩졌다. 외롭고 힘들게 살아가는 자신을 알아주길 바라는 눈물의 징표였디. 한

순간도 잊지 않고 있노라는 사인을 치마폭에 한 것이다.

다산은 몸져누운 아내가 해진 치마를 보내온 것이 너무나 가슴 아팠다. 천 리의 먼 곳에서 속에 있는 마음을 담아 보냈으니 어찌 가슴이 쓰리고 아프지 않겠는가. 다산은 몇 날 며칠 치마폭을 바라보며 못다 이룬 부부의 사랑을 되새기며 치마폭에 숨겨진 메시지를 한 폭 한 폭 오려냈다. 치마폭에 스며있는 부인 홍씨의 마음을 되새기며 자식들과 가정을 위한 이야기를 담을 서첩으로 만들었다.

하피첩은 다산의 후손에게 내려오다가 6·25전쟁 때 분실돼 행방을 찾지 못했다. 그러다 2004년 수원의 한 건물주가 폐지 줍는 할머니의 폐품 속에서 발견하여 2006년 KBS TV 진품명품 프로그램에 나와 감정 결과 하피첩임이 세상에 밝혀지게 되었다. 다산은 붉은 치마를 뜻하는 '홍군紅裙' 대신 노을 하霞, 치마 피帔 즉, '노을빛 붉은 치마'라는 이름을 지어 붙인 것이다.

남편을 그리워한 아내의 마음이 노을빛 붉은 치마로 아름답게 감긴 것을 다산은 마음의 눈으로 그려보았다. 하피첩은 4개의 서첩으로 쓰였는데, 현재는 3개만 남아 있다. 첫 번째 서첩은 박쥐 문양, 구름 문양이 그려진 푸른색 종이를 표지로 하였고, 거기에 '가족공동체와 결속하며 소양을 기르라'고 적어 놓아 부모 형제간 화목을 당부했다.

두 번째 서첩은 미색의 표지로, 안에는 '자아 확립을 통해 몸과 마음을 닦으며 근검하게 살아라'라는 내용이 적혀 있다. 집안은 비록 풍비박산 났지만, 실망하지 말고 몸과 마음을 닦아 부지런히 집안을 일으키도록 하라고 당부하였다. 세 번째 서첩은 붉은색 면지로 되어 있고 '학문과 처세술을 익혀 훗날에 대비하라'고 했다. 글을 연구하여 통달하기를 당부하는 내용으로 효를 가장 우선으로 하고, 나를 세우며 학문에 정진해야 한다는 다산의 가치관이 배어있다.

전원에서 함께 살자 마음을 굳혔더니
생각잖게 인간에는 이별이 있네그려
봄이 가니 부질없이 송엽주가 생각나는데
달 밝은 때 목란사를 듣는 이 뉘라던가
외따론 꾀꼬리 나무에 앉아 기다리는 게 벗이겠지
제비 쌍쌍 집을 지어 제 새끼 잘 기르고
쓸데없는 수심으로 백발을 재촉 말자
수시로 서찰 써서 그리움을 달래야지

田園偕隱結心期 不意人生有別離
春去空懷松葉酒 月明誰聽木蘭詞
孤鶯坐樹應須友 雙燕營巢好養兒
莫把閒愁催白髮 時將手札慰相思

_전원(田園),
『다산시문집』 제4권

모든 것 다 그만두고 전원에 살려고 했건만 이 무슨 변고란 말이오. 아름다운 계절이 지나니 너무나 쓸쓸하고 외롭고 당신과 함께 마신 송엽주 한잔이 그리도 생각나오. 달 밝은 날 가족을 그리는 마음을 누가 알리오. 외로운 꾀꼬리는 짝을 찾아 노래하고 있고, 처마 밑 제비는 짝을 지어 집 짓고 제 새끼들 기르고 보살피건만 이 내 몸은 쓸데없는 근심 걱정으로 머리만 세어가고 있소. 하지만 그대 생각으로 맘 달래며 그리움을 편지로 써 보내리다.

이는 다산이 아내를 그리며 써 내려간 사랑의 편지이다.

200여 년 전이나 지금이나 사랑의 편지는 언어의 마술과 같다. 못다 한 사랑의 속삭임이 절절히 흐른다. 시대적 변화에 따라 다양한 가치와 다양한 문화가 확장되면서 부부의 관계도 급변하고 있다. 평균수명 100세 시대에, 부부의 새로운 가치관의 성찰 없이 그 기나긴 세월 행복과 만족감을 얻는다는 것은 결코 쉬운 일이 아니다. 하지만 무엇보다 어려움과 시련 속에서 부부가 서로를 격려하며 위기를 극복하는 일만큼 따뜻한 사랑은 없다.

가정은 부부의 사랑이 기본이다. '수신제가 치국평천하'라는 이야기 속의 '수신제가(修身齊家)'는 바로 부부의 사랑을 바탕으로 몸과 마음을 닦아 수양하여 집안을 안정시킨 후에 '치국평천하(治國平天下)'로 나라를 다스리고 천하를 평정한다는 뜻이다. 다산은 이런 부부의 든든한 사랑의 울타리가 있었기에 쓰러지지 않고 기나긴 어두운 터널을 빠져나와 올 수 있었다. 기나긴 세월 헤어져 있었지만, 마음속으로 묻고 못다 한 사랑을 치마폭에 쌓아 보낸 다산의 부부 사랑은 불안과 고통의 세월을 이겨낸 평정심의 보약이었던 것이다.

제
6
장

즐거움은
'저기'보다 '여기'에

즐거움의 샘터
정원과 텃밭

"무진년(1808년, 순조 8년) 봄에 다산(茶山)으로 옮겨 대(臺)를 쌓고 못을 파서 화목(花木)을 벌여 심고 물을 끌어들여 비류폭포(飛流瀑布)를 만들었다. 그리고 동암(東庵)과 서암(西庵) 두 암자를 수리해 1천여 권이나 장서하고 글을 지으면서 스스로 즐겼다."

_자찬 묘지명(自撰墓誌銘) 집중본(集中本)
『다산시문집』 제16권

1808년 유배 8년째, 다산은 강진읍내에서 다산초당으로 거처를 옮겼다.

다산은 다산초당을 그 옛날 서울에서 작은 공간에 꾸미듯 오밀조밀하게 자신의 취향에 맞도록 가꾸며 즐기기 위한 창의적인 공간으로 만들었다. 계단을 쌓고 못을 파서 꽃나무를 심고 가느다란 물줄기를 끌어들여 비류폭포(飛流瀑布)를 만들었다. 그리고 동암(東庵)과 서암(西庵) 두 암자를 수리해 1천여 권이나 장서하고 글을 지으면서 스스로 즐겼다. 그리고 다산초당의 4경을 시로 엮었다.

1경은 '정석(丁石)'바위로 초당 뒤쪽 오른편 커다란 바위에 다산이 직접 새긴 글이다. 자신의 성에 돌 석(石) 자를 새겨 심플하지만 그속에 소동파와 정령위의 고시의 의미가 담겨 있다. 정석글자는 군더더기 없는 깔끔하고 강인한 그의 성품을 반영하고 있는 듯하다. 2경은 다산이 직접 수맥을 짚고 팠다는 '약천'이다. 가뭄에도 좀처럼 마르지 않는 이 샘물은 '담을 삭이고 묵은 병을 낫게 한다'고 다산은 기록하고 있다. 3경은 차를 끓일 때 사용했다는 마당에 있는 평평한 돌인 '다조'이다. 4경이 바로 초당 옆에 있는 연못인 '연지석가산'이다. 바닷가에 있는 반들반들한 돌을 주워 봉우리를 쌓아 석가산이라 했고, 그 연못에 잉어를 키웠다. 다산은 자라는 잉어를 보고 날씨까지 예측했다고 한다. 연지석가산은 다산이 만든 창작품으로 늘 초당에서 밖을 보면서 즐긴 창작품이다.

이뿐만이 아니다. 다산은 다산초당 주변의 모습을 '다산8경[茶山八景詞]'으로 노래했다. 제목 속에 다산의 풍부한 감성과 창의성이 발휘된 시이다. 1경은 복사꽃 몇 가지가 예쁘게 펴져 담장을 덮고 있는 산복사나무에 대해서 썼고, 2경은 산속 집 발(가리게)에 부딪치는 버들가지에 대하여 썼고, 3경은 산 칡은 우거지고 햇살이 따뜻한 날에 들리는 꿩소리에 대하여, 4경은 등나무 난간에 몸소 의지해 어린 물고기에게 가랑비 맞으며 물고기 먹이 주는 일, 5경은 푸른지 붉은지 자세히 나누지 못할 단풍나무가 비단바위에 얽혀 있는 모습, 6경은 다산이 좋아한 국화가 잔잔한 연못 거울 속에 비친 국화의 모습, 7경은 엷은 눈 내린 작은 산 응달 돌 기운이 맑은 언덕 위의 대나무가 푸르른 것, 8경은 푸른 솔잎 붉은 비늘에 매우 곧은 장대 같은 해송에 대해 썼다.

그리고 다산은 초당에 텃밭을 만들어 갖가지 채소를 가꾸었다. 산자락의 경사를 깎아서 아홉 단의 돌계단을 쌓았다. 여기에 무와 부추, 파와 쑥갓, 가지, 아욱, 겨자, 상치, 토란 등등 갖가지 채소를 심었다. 남은 땅도 깨끗하게 정리하여 명아주와 비름을 그리고 구기자를 심었다. 다산은 이러한 즐거움 역시 학자로서의 기본적인 자세라는 것을 제자 황상에게 보낸 편지에서 아주 자세하게 전하고 있다.

"뜰 오른편에는 조그마한 못을 파되, 크기는 사방이 수십 보 정도로 하고, 못에는 연(蓮) 수십 포기를 심고 붕어를 기르며, 별도로 대나무를 쪼개 홈통을 만들어 산골짜기의 물을 끌어다가 못으로 대고, 넘치는 물은 담장 구멍으로 남새밭에 흘러 들어가게 한다. 남새밭을 수면(水面)처럼 고르게 다듬은 다음 밭두둑을 네모지게 분할하여 아욱·배추·마늘 등을 심되 종류별로 구분하여 서로 뒤섞이지 않게 하며, 씨를 뿌릴 때는 고무래로 흙덩이를 곱게 다듬어 싹이 났을 적에 보면 마치 아롱진 비단 무늬처럼 되어야만 겨우 남새밭이라고 이름할 수 있을 것이다."

거처를 다산초당으로 옮기면서 다산은 조금씩 마음의 여유를 찾기 시작하였다.

이리저리 떠돌이처럼 다니면서 눈치 보던 생활을 그만두고, 이제는 아늑한 산장에서 혼자 사색하며 제자들과 함께 배우고 가르치면서 평안을 누리는 생활을 하였다. 고요한 산정에 앉아 있으니 보이는 것마다 시와 글이 되었다. 다산은 제자들과 함께 주변을 산책도 하고 텃밭도 가꾸며 학자들의 기본적인 실학을 몸소 체험하였다.

다산은 이러한 자신의 자세를 제자들뿐만이 아니라 자식들에게도 철저하게 실천하도록 당부를 하였다. 어려운 생활 속에서 양반이랍시고 살림은 나 몰라라 하는 조선의 양반들에게도 다산은 가차 없이 생활의 수단으로는 과일이나 채소 그리고 가축을 기르는 것만큼 보람있는 일은 없다고 하였다. 그리고 연못이나 못을 파서 물고기도 길러야 하고, 문 앞의 가장 비옥한 밭을 10여 두둑으로 구획하여 사방을 반듯하고 똑바르게 고르게 만들어 사계절에 채소를 심어 집에서 먹을 분량을 공급해야 한다고 하였다. 그리고 집 안의 공터에는 진귀하고 맛좋은 과일나무를 많이 심고, 그 가운데에는 조그마한 정자를 세워 맑은 운치가 풍기게 하면서 겸하여 도둑을 지키는 데도 이용하면 더욱더 좋을 거라 하였다.

다산이 다산초당을 가꾸고 텃밭을 일군 것은 오늘날 도시에서 생활하는 사람들이 전원주택이나 텃밭을 만드는 일과 같다. 다산은 황무지에서 텃밭을 가꾸고 보살피면서 자연이 우리에게 준 것을 누리며 마음의 안정을 찾았다. 자신이 좋아하는 채소와 꽃을 가꾸면서 자연과 소통하면서 즐겼다. 경험하지 못한 상황에서 자연을 찾아 캠핑을 떠나고 차에서 숙박을 하면서 자연을 즐기며 마음의 안정을 찾는 오늘의 모습이 200여 년 전 다산이 전원주택을 짓고 텃밭을 가꾸며 청복을 누리며 기나긴 유배의 터널을 빠져나왔던 모습과 다르지 않다. 자연과 더불어 정원과 텃밭은 다산의 불안한 마음을 달래주는 시원한 샘터이자 안정제였다.

촛불 앞에
국화꽃 놀이

"국화가 여러 꽃 중에서 특히 뛰어난 것이 네 가지 있다. 늦게 피는 것이 하나이고, 오래도록 견디는 것이 하나이고, 향기로운 것이 하나이고, 고우면서도 화려하지 않고 깨끗하면서도 싸늘하지 않은 것이 하나이다.

세상에서 국화를 사랑하기로 이름나서 국화의 취미를 안다고 자부하는 자도 사랑하는 것이 이 네 가지에 벗어나지 않는다. 그런데, 나는 이 네 가지 외에 또 특별히 촛불 앞의 국화 그림자를 취하였다. 밤마다 그것을 위하여 담장 벽을 쓸고 등잔불을 켜고 쓸쓸히 그 가운데 앉아서 스스로 즐겼다."

_국화 그림자를 읊은 시의 서(菊影詩序),
『여유당전서』 문집 13권

다산은 일찍이 젊은 시절부터 '죽란시사'라는 시 동아리를 만들어 작품 활동을 활발하게 하고 지냈다. 4살 많은 사람으로부터 4살 적은 사람까지만 모임을 가져 모두 15인이었다. 15인이 서로 비슷한 나이로, 서로 가까운 곳에 살면서 태평한 시대에 출세하여 모두 벼슬에 이름이 오르고, 그 지향점과 취미도 서로 같으니, 모임을 만들어 즐기면서 태평 세대를 아름답게 장식하는 것이 또한 좋지 않겠는가 하여 동호회를 만들었다.

이렇게 만들어진 모임의 규칙을 보면 아주 문학적이다. "살구꽃이 처음 피면 한 번 모이고, 복숭아꽃이 처음 피면 한 번 모이고, 한여름에 외가 익으면 한 번 모이고, 초가을 서늘할 때 서쪽 연못에서 연꽃 구경을 위해 한 번 모이고, 국화가 피면 한 번 모이고, 겨울철 큰 눈이 내리면 한 번 모이고, 정초에 매화가 피면 한 번 모이되, 모임 때마다 술·안주·붓·벼루 등을 설비하여 술 마시며 시 읊는 데에 이바지한다. 모임은 나이 적은 사람부터 먼저 모임을 마련하여 나이 많은 사람에 이르되, 한 차례 돌면 다시 그렇게 한다. 아들을 낳은 사람이 있으면 모임을 마련하고, 수령으로 나가는 사람이 있으면 마련하고, 품계가 승진된 사람이 있으면 마련하고, 자제 중에 과거에 급제한 사람이 있으면 마련한다."

서문만 보아도 얼마나 낭만적이고 정서적으로도 풍부한 감성을 지녔는지 알 수 있다. 이러한 동호회 활동 등을 통하여 다져진 감성을 바탕으로 다산은 다산만의 창의적인 즐거움을 찾기도 하였다. 바로 국화

꽃에 대한 다산만의 감상법이다. 국화 그림자를 읊은 시를 보면 다산은 남들보다 독창적인 자기만의 감상법으로 즐거움을 맛보고 있었다.

국화꽃에 대한 즐거운 감상법은 다음과 같다.

옷걸이·책상 등 모든 산만하고 들쭉날쭉한 물건을 제거하고, 국화의 위치를 정돈하여 벽에서 약간 떨어지게 한 다음, 촛불이 비추기 적당한 곳에 촛불을 두어서 밝게 하였다. 그랬더니 기이한 무늬, 이상한 형태가 홀연히 벽에 가득하였다. 그중에 가까운 것은 꽃과 잎이 서로 어울리고 가지와 곁가지가 정연하여 마치 묵화를 펼쳐놓은 것과 같고, 그다음의 것은 너울너울하고 어른어른하며 춤을 추듯이 하늘거려서 마치 달이 동녘에서 떠오를 때 뜨락의 나뭇가지가 서쪽 담장에 걸리는 것과 같았다. 그 중 멀리 있는 것은 산만하고 흐릿하여 마치 가늘고 엷은 구름이나 놀과 같고, 사라져 없어지거나 소용돌이치는 것은 마치 질펀하게 나뒹구는 파도와 같아, 번쩍번쩍 서로 엇비슷해서 그것을 어떻게 형용할 수 없었다. 그러자 친구가 큰소리를 지르며 뛸 듯이 기뻐하면서 손으로 무릎을 치며 감탄하기를, "기이하구나. 이것이야말로 천하의 빼어난 경치일세."라고 하였다.

어느 날 친구를 초대하여 실제로 그 즐기는 법을 보여주었다. 그랬더니 친구가 기이하다며 큰소리치며 이제까지 듣도 보도 못한 광경을 바라보면서 천하의 빼어난 경치일세라며 즐거워한 것이다. 이러한 창의적이고 독창적인 다산만의 놀이 방법은 유배 시절에도 그대로 적용되었다.

흔히들 고기도 먹어본 사람이 잘 먹고, 노는 것도 놀아본 사람이 잘 논다고 한다. 다산이 바로 그런 경우이다. 왜냐면 그 어둡고 불안한 터널 속에서 창의적인 활동을 통해서 자기만의 놀이를 찾아 즐겼기 때문이다. 다산은 젊은 시절 친구들과 함께 교제를 나누면서 글도 쓰고 시도 짓고 음주 가무도 하면서 즐기는 법도 배웠다. 유배지에서도 그런 경험과 놀이 문화에 대한 경험이 자연과 소통하고 우주 만물과 소통하면서 시를 지으며 즐길 수 있었다.

다산은 신세를 한탄하기도 하고 백성을 걱정하기도 하고 나라를 걱정하기도 하면서 학문적 열정을 쏟아 낼 수 있었다. 다산의 이런 즐거움은 자신의 학문적 연구를 통해서도 확인할 수 있다. 4서 6경 중에 악경은 중국의 진시황 때 불태워져 없어졌지만 다산은 그것을 새롭게 저술하였다. 남아 있는 조각 글들을 모아서 악경을 복원하였다. 그것은 음악을 모르면 할 수 없는 일이다. 다산의 창의적인 음악과 놀이 문화에 대한 재능이 이를 가능케 한 것이다. 또한 다산의 이러한 재능은 자신만의 창의적인 놀이를 즐기며 시련과 고통을 잊을 수 있게 해 주었다.

오직 앞만 보며 달려가고, 나중에 또 다른 세상은 쳐다보지도 못한 과거를 되돌아보며 후회해도 소용없다. 이제부터라도 불확실한 미래를 위한 자신만의 즐길 거리를 찾아야 한다. 혼자서 즐기는 것도 좋지만 서로의 취미와 재능을 바탕으로 다양한 사람들이 함께 즐길 거리를 찾아 서로의 지혜를 나누며 새로운 사회 공동체로서 불확실한 미래에 대한 불안감도 해소하며 즐겁게 생활할 수 있는 새로운 길을 찾을 때이다. 요즘 사이버 세상에서는 상상도 할 수 없는 창의적인 놀이를 즐기며 스트레스를 풀고 있다. 200여 년 전 창의적인 놀이 문화를 창출하며 즐긴 다산이야말로 가장 개인적이고 창의적인 21세기 놀이를 즐기며 평정심을 찾았던 것이다.

일찍이
수상가옥을 꿈꾼 다산

"나는 적은 돈으로 배 하나를 사서 배 안에 어망(漁網) 네댓 개와 낚싯대 한두 개를 갖추어 놓고, 또 솥과 잔과 소반 같은 여러 가지 섭생에 필요한 기구를 준비하며 방 한 칸을 만들어 온돌을 놓고 싶다. 그리고 두 아이에게 집을 지키게 하고, 늙은 아내와 어린아이 및 어린종 한 명을 이끌고 부가범택(浮家汎宅 물에 떠다니면서 살림을 하고 사는 배)으로 종산(鐘山)과 초수(苕水) 사이를 왕래하면서 오늘은 오계(奧溪)의 연못에서 고기를 잡고, 내일은 석호(石湖)에서 낚시질하며, 또 그다음 날은 문암(門巖)의 여울에서 고기를 잡는다. 바람을 맞으며 물 위에서 잠을 자고 마치 물결에 떠다니는 오리들처럼 둥실둥실 떠다니다가, 때때로 짤막짤막한 시를 지어 스스로 기구한 정회를 읊고자 한다. 이것이 나의 소원이다"

_초상연파조수지가기(苕上煙波釣叟之家記),

『다산시문집』제14권

다산은 당나라 사람인 장지화가 벼슬을 그만두고 강호로 돌아와 스스로를 연파조수(煙波釣叟)라고 하면서 어부처럼 자유롭게 산 것을 본받고자 하였다. 그래서 자신이 생활할 배에다 '소내 강가의 안개와 물결 속에 낚시질하는 늙은이의 집'이라는 의미를 가진 '소상연파조수지가(笤上烟波釣叟之家)'라는 간판을 목수에게 의뢰하여 목판에 새겼다.

실제 다산은 1800년, 정조 24년 초여름에 아내와 자식들을 데리고 고향인 초천(苕川)으로 돌아와 배 위에 집을 지으려고 하였으나, 정조가 소환령을 내려 어쩔 수가 없었다고 하였다. 그는 다시 서울로 돌아오면서 그 간판을 꺼내어 고향의 정자에 걸어 놓았다고 하였다.

다산의 마음속에는 이처럼 일찍이 마음속에 자연과 소통하면서 자유로움을 얻고 즐기려는 강한 의지가 내재되어 있었다. 자연은 현실에서 고통받고 상처받은 사람들의 안식처이다. 자연은 인간들의 생사고락을 넘어 그 위대함과 아름다움으로 인간들의 고통과 번민을 초월하게 해준다. 일상 속 인간들의 하루하루는 위대한 자연 속에 한낱 하루살이 같은 찰나의 순간으로 큰 의미를 지니지 못한다. 그래서 상처받은 사람은 자연 속으로 들어가 휴식을 취하고 자연인으로 삶을 살기도 한다.

다산 앞에 닥친 시련과 고난은 일찍이 그가 꿈꾸던 자연 속에서의 삶을 앞당기는 계기가 되었다. 그것은 다산의 시련과 고난 속에서 엮은 수많은 시문을 통해서 확인할 수 있다. 위대하고 아름다운 자연으로 돌아가 전원 속에서 자신의 불안한 삶을 여가로 생각하며 평안한 마음으로 학문 연구와 더불어 즐거움을 찾으려는 다산의 잠재적인 소망이 많이 나타나 있다.

유배 시절 주변의 아름다운 산천초목과 소통하면서 자연과 하나 된 삶 속에서 유배의 불안과 초조의 시간을 잊고 즐기면서 안정된 마음을 갖게 되었다. 특히 유배 시절 다산이 제자 황상에게 전한 '제황상유인첩(題黃裳幽人帖)'에 나타난 다산의 전원주택에 대한 구상을 살펴보면 얼마나 자연을 누리며 유유자적하게 청복을 누리며 안정된 삶을 추구하고자 했는지 알 수 있다.

'제황상유인첩'은 1805년(순조 5년) 겨울 은자의 거처에 대한 제자 황상의 질문에 답한 것이다. 황상은 스승의 이 은자의 거처에 대한 이야기를 바탕으로 다산이 해배되어 고향으로 돌아간 후, 그의 말년에 강진의 대구면 천개산 아래 백적동에 거처를 조성하고, 그 이름을 일속산방이라 불렀다.

일속산방은 북쪽에 산, 남쪽에 강을 둔 배산임수의 입지를 취하였고, 정원에는 기이한 꽃들과 소나무와 대나무 등의 수목과 채소를 가꿔 관상과 식용을 겸하였다. 배산임수라는 주거지의 입지적 요소는 정원 조성의 바탕이 되었다. 산수가 아름다우며 시내를 끼고 있는 산을 접한 곳에 정남향으로 주거공간을 마련하였다. 자연스럽게 주변의 산과 물을 정원으로 끌어들였다. 그리고 초가집에서는 독서와 일상생활을 하고, 잠실에서는 누에를 치는 경제적 생산 활동을 하였으며, 초각에서는 풍류를 즐겼다. 채소밭과 약초밭에 전답까지 마련하여 시장에 가지 않고도 일상을 영위할 수 있도록 하였다. 연못에 붕어와 연을 키워 식용과 관상을 겸할 수 있었다. 집 근처 저수지는 벗과 함께 퉁소를 불고 거문고를 타며 달밤의 뱃놀이를 즐겼다.

다산은 유배지에서 자연과 소통하며 미처 행하지 못한 전원주택의 꿈을 초당을 가꾸며 즐겼다. 그리고 그가 마음속에 그려온 전원주택 설계도를 제자 황상에게 전수하여 일속산방이라는 이름으로 전원주택을 지은 것이다. 제자 황상은 다산이 숨을 거두는 순간까지 스승인 다산을 따랐던 애제자였다.

100세 시대 경제적인 풍요로움과 더불어 보다 안정적이고 평안한 공기 좋고 물 맑은 자연 친화적인 삶을 추구하면서 전원주택을 많이들 찾고 있다. 웰빙(Well-being)에 대한 관심이 높아지면서 답답한 도시를 떠나 쾌적한 주거환경에서 거주하고자 하는 사람들이 역시 많다.

세컨드하우스는 은퇴한 노년층, 또는 프리랜서 직업을 가진 사람에게는 답답한 도심 생활을 벗어나 자연과 함께하면서 힐링을 통해 새로운 삶을 영위하게 해 주고 있다. 고령사회 진입으로 인해 앞으로도 쾌적한 자연환경을 갖춘 지역에서 거주하고자 하는 수요층이 더욱 증가하고 있다. 200여 년 전 다산의 전원주택 설계서인 '제황상유인첩'은 오늘날 불안한 삶을 살고 있는 우리 모두에게 자연과 소통하며 언제 올지 모를 새로운 불확실한 미래를 대비하기 위한 21세기형 자연 친화적 안전 전원주택 설계도로 활용해도 될 것이다.

참고 : 다산의 전원주택(田園住宅) 요건

(주요 내용)

1. 아름다운 산수를 기본으로 시내를 끼도록 한다

2. 집 밖에서 안이 잘 안 보이는 곳으로 한다.

3. 안에서는 밖이 잘 보이는 곳으로 한다.

4. 집은 그 정중앙의 정남향으로 한다.

5. 방은 서너 칸으로 한다.

6. 집은 소박하지만 내부는 화사하게 한다.

7. 도배는 순창 특산인 뽀얀 설화지로 한다.

8. 자신이 꿈꾼 것을 그려서 잘 보이는 창이나 문지방 위에 붙여 놓는다.

9. 문 옆에는 그림이나 시를 배치하여 늘 마음을 다스린다.

10. 방안에는 서가를 놓는다.

11. 책상, 탁자, 향료 등을 들여놓는다.

12. 문을 열면 가름벽으로 시선의 분산을 막는다.

13. 그 안에는 화분을 배열, 특히 국화 등을 심는다.

14. 연못을 만들어 연꽃과 붕어를 기른다.

15. 마당 왼편에 사립문을 만든다.

16. 조금 떨어진 물가에 정자를 세워 대나무 난간을 만든다.

17. 시냇가에 좋은 전답을 마련해 농사일을 한다.

18. 아래 방죽에서 뱃놀이를 한다.

19. 근처의 승려와 교류한다.

20. 집 뒤에는 솔숲을 만든다.

21. 약초 등 특용작물을 심는 밭을 마련한다.

22. 잠실을 마련하여 누에를 친다.

출처 : 『다산시문집』

제14권 황상유인첩(黃裳幽人帖)에 제(題)함

청복으로
위기를 즐긴 다산

"세상에서 이른바 복이란 대체로 두 가지가 있다. 외직으로 나가서는 대장기를 세우고 관인을 허리에 두르고 풍악을 잡히고 미녀를 끼고 놀며, 내직으로 들어와서는 초헌(종2품 이상이 타던 수레)을 타고 비단옷을 입고, 대궐에 출입하고 묘당에 앉아서 사방의 정책을 듣는 것, 이것을 두고 '열복(熱福)'이라 하고, 깊은 산중에 살면서 삼베옷을 입고 짚신을 신으며, 맑은 샘물에 가서 발을 씻고 노송에 기대어 시가를 읊으며, 당 위에는 이름난 거문고와 오래 묵은 석경(악기의 일종), 바둑 한 판, 책 한 다락을 갖추어 두고, 당 앞에는 백학 한 쌍을 기르고 기이한 화초와 나무, 그리고 수명을 늘리고 기운을 돋구는 약초들을 심으며, 때로는 산승이나 선인들과 서로 왕래하고 돌아다니며 즐겨서 세월이 오가는 것을 모르고 세상의 어지러운 일들을 듣지 않는 것, 이것을 두고 '청복(淸福)'이라 한다."

_병조참판(兵曹參判) 오공대익(吳公大益)의 71세 향수를 축하하는 서(序),

『다산시문집』 제13권

다산이 한창 잘 나갈 때인 1799년에 병조참판 오공대익(吳公大益)의 71세 향수를 축하하면서 쓴 글이다. 다산은 복을 크게 2가지로 열복과 청복으로 나누었다. 열복은 우리가 사는 세상 가운데서 출세하여 부를 누리면서 사는 복으로 세상 것들을 즐기면서 살아가는 일상의 복이라고 하였다. 그리고 청복은 바로 자신의 삶이 청복이라고 하였다.

즉, 세상과 동떨어져 머나먼 땅끝마을 어촌 시골구석에서 살면서 옷차림도 겉치장 없이 단정하게 입고 신발도 편하게 신고, 맑은 샘물에 가서 발을 씻고 오래된 소나무에 기대어 시를 읊으며 신선놀음하며 사는 것이다. 물론 정자 위엔 악기와 바둑판과 책을 갖추고 스님들과 선인들과 왕래하며 돌아다니면서 세월을 즐기며 머리 아픈 세상일은 듣지도 않는 것, 이것을 두고 '청복(淸福)'이라 하였다.

다산은 열복보다 청복이 더 가치 있다며 유배를 여가로 생각하며 언제 풀릴지도 모르는 불안한 삶을 평안하게 청복을 누리는 기분으로 살겠노라고 다짐하였다.

다산은 유배되어 갖은 고초 속에서 마음 둘 곳도, 몸 머물 곳도 없이 외롭고 고단한 나날을 보냈다. 심지어 왼쪽 어깨에 마비증세가 나타나 마침내 폐인의 지경에 이르고, 눈이 아주 어두워져서 오직 안경에만 의지할 정도였다. 하지만 다산은 유배를 여가로 생각하며 청복을 누리고 있다고 생각하였다.

열복과 청복 이 두 가지의 선택은 온전히 각자의 성품대로 하되, 하늘이 매우 아끼고 주려 하지 않는 것은 바로 청복으로, 열복을 얻은 이는 세상에 흔하나 열복으로 청복을 얻은 이는 얼마 없다고 하였다. 그만큼 청복을 누리는 일은 아무나 할 수 없다고 하였다. 그러면서 자신의 유배 생활이 바로 청복을 누리기에 안성맞춤이라며 기회가 닿는 대로 산천을 유람하면서 내면의 즐거움을 누렸다. 그뿐만 아니라 다산초당 시절에는 손수 계단을 만들고 연못을 파서 잉어도 기르면서 청복의 즐길 거리로 만들었다. 주위의 즐길 거리는 보는 사람과 느끼는 사람에 따라 다르겠지만 다산은 산천초목 모두가 즐길 거리였다. 사시사철 계절에 따라 자연의 섭리를 바라보며 시와 글로 엮으며 즐겼다. 다산 4경이 바로 다산초당에 다산이 만든 즐길 거리다. 그리고 즐기면서 시로 엮었다. 그중에 하나인 연지석가산의 시를 보면 알 수가 있다.

바다 돌 주워다 봉우리 만드니
본래의 모습이 한눈에 보인다
가파른 비탈에 3층으로 쌓아서
움푹 패인 곳에 소나무 심고 보니
뒤얽힌 모습은 봉황의 춤 같고
내민 얼룩무늬 죽순과도 같다
오줌 줄기 물을 끌어 연못을 만드니
잔잔한 물속에 하늘이 잠겼다

글을 읽다 보면 한 TV 매체에서 방송하는 '나는 자연인'이 생각난다. 자연으로 돌아가고 싶어 하는 현대인들에게 힐링과 참된 행복의 의미를 전하는 프로그램이다. 다산은 바로 현대판 자연인으로 스스로의 불안한 삶을 처한 환경을 누리면서 즐겼다. 이제 우리는 급격한 환경을 하루아침에 회복하기는 어려운 상황이다. 그렇다고 모두가 자연인이 될 수는 없다. 우리 스스로 처한 환경을 바탕으로 부족한 대로 만족하며 즐거움을 찾아가는 다산의 지혜가 필요하다. 사회 전반적으로 코로나19로 인해 우울하고 불안하고 경제적 타격으로 부정적 정서가 팽배한 지금, 우리 주변에 있는 것을 찾아 가꾸고 누리며 스스로의 마음의 평안을 찾아가는 청복의 길을 모색해 보자.

'저것'보다 '이것'을 즐긴 다산

갑작스런 다산의 유배는 마치 잘 날던 비행기가 사막에 떨어진 것에 비유할 수 있다. 불시착한 강진은 폭풍 한설이 몰아치는 12월이었다.

사막에서 생존하기 위한 뉴로의 탈출게임을 생각해 보면, 다산은 어떻게 언제 죽을지도 모르는 불안과 초조의 사막에서 어떻게 유배라는 사막 생활을 할 것인가를 생각해야 했다. 다산은 누구보다도 창의력이 뛰어난 사람이었다. 한강 배다리며 수원화성 건설 등등 다산은 현장에서 필요한 것은 언제 어디서든 창의력을 발휘하여 과학적으로 실용적인 도구나 제도 등을 만들어냈다.

다산에게 무엇보다 필요한 것이 마음의 치유였다. 억울하고 분통이 나서 기가 막힌 자신을 위한 마음의 안정이 절실하였다. 할 수 있는 것이 아무것도 없었다. 오직 글 쓰는 것 외에 아무것도 할 수가 없었다. 들녘을 바라보며 들리는 소리며 보이는 광경을 글로 옮겼다. 그것은 바로 시였다. 오직 가진 것이라고는 쓸 수 있는 붓 한 자루뿐이었다. 그 붓으로 다산은 마음속 분노를 한줄기 시원한 소나기처럼 시와 글로 쏟아내며 즐겼다. 강진 들녘의 약동하는 생명과 농부들의 모습과 어부들의 모습을 시로 소통하며 즐기기 시작하였다. 그리고 사서육경을 통하여 마음을 추스르며 자신에게 주어진 것을 다스리고 즐기며 평정심을 찾아가고 있었다.

다산이 유배 시절 전라우도 수군절도사인 이민수에게 전한 어사재기(於斯齋記)를 보면 얼마나 다산이 자신의 주변에 있는 것을 바탕으로 즐거움을 찾아내 억울하고 불안한 유배 생활을 극복하며 마음의 평정을 찾으려 했는지 알 수 있다.

"자신에게 있지 않은 물건을 바라보고 가리키면서 '저것[彼]'이라고 말하고, 자신에게 있는 것을 깨닫고 굽어보면서 '이것[斯]'이라고 말한다. '이것'은 내가 이미 내 몸에 지닌 것이다. 그러나 내가 이미 지닌 것이 나의 바람에 미치지 못하면 마음은 만족할 만한 것을 선망하여 바라보고 가리키면서 '저것'이라고 말하기 마련이니, 이것은 천하의 공통된 병통이다.

땅의 형체는 둥글고 사방의 땅은 평평하니, 그렇다면 천하에 내가 앉아 있는 자리보다 더 높은 곳은 없다. 그런데도 백성들 중에는 오히려 중국의 곤륜산에 오르고 형산과 곽산에 올라서 높은 곳을 찾아다니는 자가 있다. 지나간 일은 좇을 수가 없고 미래의 일은 기약할 수가 없다. 그렇다면 천하에 지금 이 상황보다 더 즐거운 때는 없다.

그런데도 백성들 중에는 오히려 좋은 수레와 말을 수고롭게 하고 논밭을 탕진하면서 즐거움을 구하는 자가 있다. 땀이 흐르고 숨이 차는데도 종신토록 미혹되어서 오직 저것만을 바라고, 이것이 누릴 만한 즐거운 것임을 모른 지가 오래되었다."

_어사재기(於斯齋記),
『다산시문집』 제13권

   다산은 늘 쉽게 이해할 수 있도록 글을 썼다. 육경 예기(禮記)에서 유래한 어사재기(於斯齋記)에서도 쉽게 가진 것에 대한 소중함을 '이것'과 '저것'으로 비교 설명하였다. 누구든지 주변에 누리고 있는 것들을 얼마든지 찾을 수가 있는데 멀리만 바라보며 가진 것에 대한 소중함을 소홀히 한다는 이야기이다. 그뿐만 아니라 우리가 발 디디고 사는 곳이 그 어디보다 높다는 것을 알지 못해 늘 멀리 있는 산만을 바라보며 오르려 하니 그것이 병이 된다고 하였다. 그러면서 다산은 지나간 것은 좇을 수 없고 다가올 일은 기약할 수 없으니, 현재 누리고 있는 것만큼 즐거운 것은 없다며 현재 자신의 처지를 큰 즐거움으로 받아들였다.

   '저것'에 현혹되어 그것을 좇느라 평생 앞만 보고 숨을 헐떡이면서 달려가다가 정작 자기 앞에 있는 '이것'을 누릴 줄 모르는 것이야말로 어리석고 다 부질없는 것이라는 것을 다산은 알고 있었다. 그뿐만 아니라 "지구는 둥글고 땅은 사방으로 평탄하니 하늘 아래 내가 앉아 있는 자리보다 높은 곳은 없다"라는 대목에서는, 한없이 펼쳐진 우주에 내가 서 있는 모습이 비록 한 그루의 나무 같으나 알고 보면 유일한 존재라는 사실도 확인할 수 있다. 그러고 보면 내가 앉아 있는 이 자리가 하찮을지라도 이 위치만큼 높은 곳도 없으며, 내가 차지하고 있는 현재의 위치가 세상의 중심인 것이다.

다산은 이런 생각으로 자신을 중심으로 만물의 현상이 작동하고 일상의 삶이 전개되는 이곳, 비록 유배지라 할지라도 여기가 '지극한 존귀함이 존재하는 곳'이요, 천하의 선이나 미가 모두 '이것'으로써 극치를 이루니 '이것' 보다 더 즐거운 곳이 없다고 선언하였던 것이다. 어사재라는 이름 속에는 '이것'의 소중함을 알고 누릴 줄 안다면 '저것'마저도 얼마든지 이루어 낼 수 있다는 다산의 의지가 굳게 새겨져 있다. 바로 이러한 생각과 마음이 다산의 유배 생활 18년을 "이제야 겨를을 얻었다"라고 할 수 있게 만들었다. 그 덕에 다산은 세상과 우주의 이치를 밝히며 자기가 중심이 되어 600여 권의 책을 저술한 보람과 즐거움을 만들어 낼 수 있었다.

200여 년 전 다산의 유배 생활이 아니라 오늘날 벌어지고 있는 코로나 사태만 돌아보더라도, 그동안 우리가 누리고 있었던 것들이 얼마나 소중한가를 새삼스럽게 되돌아보게 된다. 어쩌면 그렇게도 우리의 처지를 유리창으로 바라보듯이 적시하고 있는지. 둥근 지구의 꼭대기에 앉아서 더 높은 곳만을 쳐다본다. 눈앞의 즐거움은 안 보이고 자꾸 남의 떡만 크게 보인다. 몸은 여기에 있으면서 생각은 엉뚱

한 저기에 있다.

내가 누리고 있는 것, 지금 내 앞에 있는 것에 대한 감사를 잊은 채 우리는 나날을 세파에 시달리고 있다. 기쁨은 먼 곳에 있는 것이 아닌데 오늘도 우리는 코앞에 있다는 것을 잊고 산다. '저것'에 현혹되지 않고 '이것'을 즐길 수 있는 마음의 여유가 절실하다.

제
7
장

사회적
책무를 감당하라

불확실한 시대를
꿰뚫는 다산

다산 정약용은 1762년에 태어났다. 그때가 바로 극심한 당쟁으로 영조가 사도세자인 자식을 죽인 해이다. 일찍이 임진왜란과 병자호란으로 나라는 피폐해지고 백성들은 가난과 굶주림으로 허덕이던 때이기도 하다. 백성들은 이제 더 바랄 것 없이 오직 먹고 사는 것이라도 해결되기 바라며 새로운 세상을 갈망했다.

다산은 세자가 뒤주 속에서 죽은 해에 태어났다. 22살에 소과에 합격하여 성균관에 들어가 새로운 학문에 눈을 뜨고 천주교를 알게 되었다. 28살에 과거에 합격하여 목민관으로 정조와 함께 일하며 조선이라는 나라의 미래를 고민했다.

내부적으로 당쟁으로 불안한 정치가 계속되면서 나라와 민생은 피폐해져 백성들의 불만은 갈수록 심화되어 가고 있었다.

득히, 천주교는 당시 조선 사회의 중심 세력이었던 성리학파의 처주교 신자들로부터 전파되고 있었다. 그들은 신의 존재를 인정하는 천부인권설을 기반으로 백성 중심의 인권 사회를 꿈꾸었다. 그 중심에 다산과 같은 남인의 실학자들이 있었다. 다산은 천주교를 통해 천지조화의 시작과 사람과 신, 그리고 삶과 죽음의 이치에 대하여 새로운 세계가 있다는 것을 알게 되었다. 그리고 서학을 통해 외부 세계의 동향을 파악할 수도 있었다. 이러한 시대적 상황 속에서 다산은 정조와 더불어 조선의 미래를 구상하게 되었다. 청년 다산은 정조의 총애 속에서 나라와 백성을 위한 정조의 국가적 프로젝트에 적극적으로 참여하였다.

정조는 조선의 미래를 위하여 이제까지의 부패한 관습과 제도를 개혁하면서 자신의 아버지 사도세자의 복권에도 심혈을 기울였다. 여기에 다산은 핵심적인 인물이었다. 이럴수록 반대파의 시기와 질투는 더욱 극심하였다. 결국 정조의 급작스런 죽음으로 개혁은 물거품이 되고, 노론들은 오직 반대파들을 완전히 제거하여 자신들의 정권을 유지하는 데에만 급급하였다.

천주교 신자라는 이유만으로 남인들은 물론 다산은 영원히 조정에서 멀어지게 되었다. 하지만 다산은 "지금 당장 개혁하지 않는다면 나라는 반드시 망하고 말 뿐이다"라며 유배지 강진에서 오직 나라와 백성을 위한 개혁적 저술 활동을 계속하였다.

다산은 유배 생활이 모처럼의 기회라는 긍정의 마인드로, 수백 년 동안 전해져 내려오면서 잘못 인용되고 해석되어 폐단이 이루 말할 수 없는 4서 6경의 경학을 독창적으로 재해석하였다. 그 독창적인 해석 가운데 '인'에 대한 해석은 이제까지와는 전혀 다른 획기적인 해석이었다. 다산은 성리학에서 "인(仁)이란 마음의 덕이요, 사랑의 이치다"라는 말을 "인(仁)자는 사람인(人)과 사람인을 중첩시킨 글자로 사람과 사람이 그 본분을 다하는 것"이라고 하였다. 이처럼 다산은 추상적이지 않고 말장난이 아닌, 구체적인 실천행위로써 그것을 해석하였다. 또 그것이 바로 공자가 강조한 충실한 서(恕)로서 남을 섬긴다는 것을 실천하는 일이라고 하였다.

다산은 권위적 지배와 복종 중심의 사회에서, 인간 중심의 사랑으로 사서육경을 재해석하였다. 이러한 획기적인 재해석을 통하여 새로운 사상적 기반을 구축하였고, 이를 바탕으로 일표이서를 통하여 국가개혁과 백성들을 위한 제도적 시스템을 구축하였다. 하지만 조정은 당파싸움을 벌이느라 나라와 백성은 안중에도 없었고, 그렇게 시간만 흘러 다산은 1836년 75세로 사망하였다.

사망 후 30년 후인 1866년 프랑스가 흥선대원군의 천주교 탄압을 빌미로 강화도를 침입하였고, 10년 후인 1876년에는 강화도조약으로 일본에게 주권을 빼앗겼다. 그리고 1905년 을사늑약으로 외교권이 박탈되면서 조선은 폐망에 이르게 된다.

다산 사망 100년도 안 된 사이에 일어난 일이다. 다산이 국가개혁서인 『경세유표』의 서문에서 "개혁하지 않으면 망한다"라고 한 말이 현실이 된 것이다.

다산은 조선의 위중한 상황을 예견하고 있었다. 나라가 병들고 백성들이 굶어 죽어가는 현실 속에서 당파싸움으로 일그러진 조선의 미래가 너무나 암울했다. 그런데 관료들은 팔짱만 끼고 있으니 어찌 나라가 잘 될 리가 있겠는가? 다산은 죽어서라도 임금께 보고서가 올라가길 바라는 마음으로 『경세유표(經世遺表)』라는 국가개혁서를 저술하였다. 또 백성들을 위한 목민관들의 복무 매뉴얼인 『목민심서』도 죄인으로써 실행할 수 없는 일이니 마음속으로 써서 낸다고 하여 『목민심서(牧民心書)』라고 했던 것이다.

다산은 사후 100년이 지난 후에야 재평가되기 시작하였다. 조선 말기에는 무너져 가는 조선왕조를 일으켜 세울 구국의 방책으로, 일제강점기에는 문화민족의 표상으로, 해방 후 근대화 시기엔 우리 민족이 가진 근대적 유전자의 상징으로 조명되고 연구되었다.

2012년 다산 탄신 250주년 기념 국제학술 세미나에서 대만대 황쥔제(黃俊傑) 인문사회고등연구원장은 "18세기 조선의 정약용은 17세기 일본의 이토 진사이, 10세기 중국의 대진(戴震)과 함께 경직화된 주자학을 계승하면서 창조적 혁신을 했다"라고 소개하였다. 또 "글로벌화의 추세가 시대의 발전 주류인 21세기에서 다산학에 내포되어 있는 풍부한 사상적 유산과 정신적 자원, 특히 '사물이 원리에 앞선다[事先理後]'는 실학 정신과 문학적 가치로 정치·군사적 충돌을 해소할 수 있다는 주장은 새로운 세계질서 건립에 중요한 공헌을 할 것"이라고 전망했다.

그리고 캐나다 브리티시컬럼비아대(UBC)의 도널드 베커 교수는 "다산이 200년 전 인물이기는 하지만 그가 경전들에서 발견한 것은 우리에게도 매우 유용할 수 있다"라고 평가했다. 또 "다산은 르네상스 맨으로 과학, 철학, 역사, 음악 등 여러 분야를 연구한 학자로 그런 인물은 세계 역사에서도 찾아보기 어려운 위대한 학자이자 정말 특별한 위인"이라고 평가하였다.

이처럼 다산은 200여 년이란 세월을 넘어 미래를 꿰뚫고 있었다. 뿐만이 아니라 글로벌 측면에서도 다산학에 내포되어 있는 풍부한 사상적 유산과 정신적 자원, 즉, 다산이 주장한 '사물이 원리에 앞선다'는 실학 정신과 문학적 가치야말로 현재 세계가 이해·충돌하고 있는 부분에 있어서 서로가 충돌을 해소하는 데 기여할 것이라고 하였다.

200여 년이 지난 지금, 제4차 산업혁명시대라는 초연결, 초스피드, 초축적의 시대는 말 그대로 급변하는 불확실한 시대이다. 정해진 규칙이라 할지라도 끊임없이 새로운 환경에 적응하지 못하면 뒤처지고 만다. 불확실성을 받아들이고 부지런히 타인과의 공감 속에 자신의 색깔과 경쟁력을 강화하지 못하면 생존 자체가 힘든 세상이다.

이제는 불확실한 사회가 되어 하루 뒤조차 예측할 수 없다. 그 가운데서 중심을 잡고 나아가기란 쉽지 않다. 더구나 다산과 같이 유배된 처지라면 아무리 생각해도 전혀 앞이 보이지 않는 상황이다. 하지만 다산은 못다 이룬 꿈과 사명을 다하기 위하여 유배 간 날부터 돌아오는 날까지 18년을 600여 권의 책을 통하여 밀려오는 서구의 물결과 사상적 변화를 백성들의 눈높이로 재해석하였다.

다산은 인륜과 도덕이 무너진 불확실성과 혼돈의 시대를 꿰뚫고 새로운 이정표를 제시하였다. 인간성에 대한 새로운 해석과 이를 통한 도덕성 회복을 주장하였다. 극복할 수 없는 편 가르기와 부정부패를 깨부수어 도덕을 재정립했다. 극심한 고뇌와 고통을 극복하고 새로운 사회적 가치 창출을 위한 지식인으로서의 존재 이유를 확인한 실학자, 그게 바로 다산이었다.

"이 언덕서 노년을 마칠 만하니 고향에 가려 구걸할 일 어찌 있으리"라며 비굴하게 고개 숙여 빌지 않고, 타협하지 않고 시대를 꿰뚫어 백성과 나라를 위한 마음으로 불확실한 시대를 밝히는 개척자이자 개혁가로서 다산은 책무를 다하였다.

정조의 못 이룬 꿈의
대행자 다산

　오늘날 일을 저지하는 이는 문득 "조상이 제정한 법을 논의할 수 없다."라고 한다. 그러나, 조상의 법은 대부분 국가를 창건하던 초기에 만든 것이다. 그때는 천명(天命)을 아직 환하게 알 수 없었고, 인심도 미처 안정되지 못하였으며, 공신인 장수·정승 중에는 거칠고 억센 무인(武人)이 많았고, 백관 사졸 중에는 변덕스러운 소인이 많았다. 그래서 각기 자기 사심으로써 자신의 이익만 구하다가 조금이라도 마음에 만족하지 못하면 반드시 무리 지어 일어나서 난을 일으켰다.

　이러므로 성스러운 임금과 어진 신하가 조정에서 비밀히 국사를 계획할 적에 전후좌우가 걸려서 끝내는 아무 일도 하지 못하고야 말았다. 대체로 아무 일도 하지 못하게 되어서는 옛 법대로만 따랐으니, 옛 법대로 따르는 것이 원망을 적게 하는 길이며 비록 그 법이 합당하지 못한 점이 있더라도 내가 한 것이 아니라는 생각에서였다. 그러므로 국가를 창건한 초기에 법을 고치지 못하고 말세의 풍속을 그대로 따르는 것을 당연한 법칙으로 삼으니, 이것이 예나 지금이나 공통된 근심거리이다. 그윽이 생각건대, 대개 털끝만큼 작은 일이라도 병폐 아닌 것이 없으니, 지금에 와서 고치지 않으면 반드시 나라를 망치고야 말 것이다. 이것이 어찌 충신과 지사가 팔짱 끼고 방관할 수 있는 것이겠는가.

_방례초본 서(邦禮艸本序),
『다산시문집』제12권

세월이 지나고 왕권이 새로워지면 뭔가 제도나 관습도 그에 걸맞게 바뀌어야 하는데, 조정은 그게 조상이 만든 법이라며 바꾸지 않았다. 바꾸려 해도 각기 자기 사심으로 자신의 이익만 구하다가 마음에 안 들면 무리 지어 일어나서 난을 일으켰다. 그래서 임금이나 신하들은 반대파들의 눈치만 보다가 아무 일도 하지 못하고야 말았다.

옛 법대로만 따랐으니 원망을 적게 듣고 그 법이 합당치 않더라도 내가 한 것이 아니니 상관없다는 식이었다. 이러니 어떻게 개혁이 될 수 있겠는가? 오죽했으면 다산은 "털끝만큼 작은 일이라도 병폐 아닌 것이 없으니, 지금에 와서 고치지 않으면 반드시 나라를 망치고야 말 것이다."라고 탄식을 하였을까? 모든 분야가 썩을 대로 다 썩어 마치 허물어진 집을 고쳐야 하듯이 다산은 조선의 국가개혁서인 『경세유표』를 저술하여 죽은 후에라도 제발 실현되길 간절히 바랐다.

다산은 자찬 묘지명에서 "경세라는 것은 무엇을 말함인가. 나라를 경영하는 모든 제도에 대해서 현재의 운용에 구애받음이 없이 기본 골격을 세우고 요목을 베풀어 그것으로써 우리나라를 새롭게 해보겠다는 것."이라고 하였다. 그리고 "유표(遺表)"의 '유'는 죽으면서 남긴다는 뜻 그대로이며, '표'라는 것은 신하가 임금에게 올리는 글이다"라고 하였다.

오늘날 이런 프로젝트를 추진하려고 했다면 일개 부서가 몇 년에 걸쳐서 진행하였을 것이다. 경제개발 5개년 계획이라고 한다면 경제기획원에서 전 부서의 의견을 수렴하고 각종 자료를 취합하여 컨설팅을 받고 공청회를 하며 외국의 사례를 가져오는 등 인적·물적으로 엄청난 재원이 투입될 수밖에 없는 거대한 프로젝트 아니겠는가.

다산의 『경세유표』는 크게 두 가지로 관제운영과 사회경제제도 개혁으로 나누어 볼 수 있다. 관재운영은 치관, 교관, 예관, 정관, 형관, 사관, 군현분, 고적지법 등에 대한 개혁을 다루고, 사회경제제도 개혁은 정전론, 조선 후기 토지 제도분석, 정전제 시행방안, 시대별 세법 검토, 부공, 경전의 근거와 면세, 환곡제도의 역사와 개혁안, 호적제도의 개선 및 교육제도 개혁, 과거제도의 개혁, 무과제도의 개혁 등을 다루고 있다.

특히 사회제도 개혁에 있어 60%가 토지 제도개혁이라는 부분을 다루고 있다는 사실은 농경사회에서 토지문제가 전체사회 문제의 대부분을 차지하고 있음을 나타내고 있다. 그만큼 서민들의 삶을 위한 제도의 혁신이 절실했던 것이다. 다산은 국가 개혁 없는 조선은 미래가 없다고 진단하였다. 그래서 유배지에서도 나라와 백성을 위한 일념으로 이미 경험하고 유배 현장에서 보고 듣고 한 것을 바탕으로 국가개혁(안)을 작성하게 된 것이다. 하지만 안타깝게도 조선은 다산의 개혁서를 쳐다보지 않았다.

한말 학자이며 항일 우국지사인 이건방(1861~1939년)은 다산의 사회개혁서가 빛을 보지 못함을 안타까워하면서 "아아, 선생의 재주와 학문도 이미 세상에 펼쳐져 시행되지 못하고 도리어 세상과 어긋나고 남들에게 따돌림당해서 거친 산과 바닷가로 귀양까지 가지 않았는가. (중략) 선생의 글이 상자 속에 담긴 채로 먼지와 그을음이 앉고 좀벌레만 배부르게 한 지가 벌써 1백 년이나 되었으니, 나는 여기에서 그윽이 느낀 바가 있다."라고 하였다.

그는 다산의 경세유표를 몽테스키외의 『법의 정신』과 루소의 『민약론』에 빗대어 이야기하면서, 서양에서는 국가적 차원에서 학문에 대한 관심도가 많아서 나오자마자 바람이 일듯이 퍼졌고, 사람들이 보고 들은 것을 통하여 새로운 생각을 갖게 되었으며 더욱 깊이 연구하고 정밀하게 강론하여 유럽 나라들이 나날이 부강하게 되고 있다고 하였다. 그런데 조선은 그것이 전해지지 않은 까닭에 사람들이 강론할 수 없었고, 오직 강독하지 못했으므로 또한 시행될 수가 없었다며 안타까워하였다.

정조는 '일득록(日得錄)'을 통해 늘 자신을 성찰하였다. "임금 노릇하는 도리에 대해 여러 성인이 말한 것이 지극하다. 첫째는 하늘을 공경하고, 둘째는 조상을 본받고, 셋째는 백성을 사랑하고, 넷째는 어진 이를 높이는 이 네 가지 일이 곧 임금으로서의 훌륭한 절조이다"라고 하였다. 다산은 이러한 정조의 핵심인재로 피폐한 조선의 미래를 위해 무엇을 해야 할 것인가를 누구보다 잘 알고 있었다. 바로 유배를 당하였으나 정조가 못다 한 일을 자신이 할 수 있는 길을 찾은 것이다. 기본을 바로 세우는 일부터 실천해야 할 과제 등을 하나하나 엮기 시작하였다. 그 내용이 600여 권의 책 속에 담긴 것이다. 이별의 정도 못 나누고 떠나버린 정조의 못다 한 나라 사랑, 백성 사랑을 대신하며, 가슴 속에 쌓인 울분과 불안을 붓끝으로 녹여내며 진정한 조선의 지식인으로서 책무를 다하였다.

먼 훗날의 새로운 조선을 꿈꾸며.

참고: 경세유표 주요 개혁 내용

1. 관직의 정원을 120으로 한정하고, 6조(曹)에서 각각 20관서(官署)를 거느리도록 할 것.

2. 관직을 9품으로 정하고, 정(正)과 종(從)이라는 구별은 없애고, 1품과 2품에만 정과 종이 있도록 할 것.

3. 호조(戶曹)를 백성과 토지를 맡은 관청으로 하고 6부(六部)를 6경(六卿)으로 삼아 교육과정으로 육덕, 육행, 육예을 두어 만민을 가르치도록 할 것.

4. 인사고과는 엄하게 하고 평가 조목을 상세하게 하여, 옛 법과 같이 할 것.

5. 3관(홍문관, 예문관, 교서관)과 3천(무과에 급제한 사람의 추천)의 추천 방법을 개혁하여 신진은 귀천을 구분하지 말 것.

6. 능(陵)을 수호하는 관직을 처음 벼슬하는 자에게 맡겨서 요행으로 벼슬길에 들어서는 문을 막을 것.

7. 과거시험법을 단일화하여 사람 뽑는 데에 제한이 있도록 하고, 대과와 소과를 합쳐서 하나로 만들고, 급제는 36인만을 뽑아 3년 안에 벼슬길에 오르도록 할 것.

8. 문과와 무과에 정원을 서로 같게 하고, 과거에 급제한 자들은 모두 관직에 보임되도록 할 것.

9. 밭 10결(結)당 1결을 받아서 공전(公田)으로 하고, 농부에게 협력하도록 하며, 세를 별도로 거두지 않도록 할 것.

10. 군포(병역 면제 대신 받은 베)법을 없애고 세법을 정리하여 백성들의 부담을 고르게 할 것.

11. 둔전(군대나 관청 경비조달용 토지)법을 마련하고 한양의 수십 리 안은 모두 전체 군대의 전지(田地)로 삼아 왕도를 호위하여 경비를 줄이고, 읍성 몇 리 안쪽은 지방군대로 하여 군현을 호위하도록 할 것.

12. 흉년에 빈민을 구제하기 위해서 설치한 고을의 창고인 사창을 한정하고, 물가조절법을 세워서 간사함과 제멋대로 하는 일을 막도록 할 것.

13. 중전(中錢)과 대전(大錢), 은전(銀錢)과 금전(金錢)을 만들어 금은이 중국으로 빠져나가는 길을 막을 것.

14. 향리(鄕吏, 고을의 아전)의 정원을 제한하고, 세습을 금해서 간사함과 교활함을 막을 것.

15. 이용감(利用監)을 개설하고 선진 문물을 익히는 방법을 의논하여 부국강병하도록 할 것.

출처 : 『경세유표』, 방례초본 인

다산의 인재양성과
다산학단

200년 전이나 지금이나 '인재가 경쟁력이다'라는 말은 변함이 없다. 털끝 하나 성한 곳이 없는 조선의 개혁을 위하여 정조는 인재양성소를 만들었다. 그곳이 바로 성균관이다. 다산 역시 이곳에서 얻은 자신의 재능과 역량을 바탕으로 정조의 핵심 측근으로 일할 수 있었다. 성균관 시절 수시로 본 시험과 학문 연구는 다산의 재능과 역량의 확산에 크게 기여하였다.

특히, 정조로부터 받은 『시경』에 대한 800여 개의 질문, 『중용』에 대한 70 조목의 질문에 답변한 일은 다산이 학문의 폭을 넓힘과 동시에 정조로부터 신임을 받는 계기가 되었다. 그리고 천주교에 대한 관심과 서양문물에 대한 호기심은 다산으로 하여금 새로운 눈을 뜨게 하는 기회가 되었다. 다산의 재능과 창의적인 학문적 연구는 정조의 개혁정치의 원동력이 되었다.

"일본(日本)에는 근래에 명유(名儒)들이 많이 배출되고 있는데 호를 조래(徂徠)라고 하는 물부쌍백(物部雙柏 雙柏은 雙松의 잘못인 듯함.) 같은 사람은 해동부자(海東夫子)라고 일컬어지고 있으며 그 제자들도 매우 많다. 지난번 신사(信使)가 다녀오는 길에 조본렴(篠本廉)의 글 세 통을 얻어 가지고 왔는데, 그 문장이 모두 정밀하고 날카로웠다. 대저 일본은 본래 백제(百濟)를 통해서 서적을 얻어 보게 되었으므로 과거에는 몹시 몽매하였었는데, 그 후에 직접 중국의 절강(浙江) 지방과 교역을 트면서부터 중국의 좋은 서적은 사가지 않은 것이 없었다. 또 과거(科擧) 공부의 누가 없으므로 지금 그들의 문학이 우리나라보다 훨씬 앞서 있으니, 매우 부끄러운 일이다."

_두 아들에게 보여 줌,
『다산시문집』 제21권

다산은 유배 시절 자식들에게 보낸 편지에서 조선에 왜 인재가 절실한지 말해 주었다. "일본은 무지몽매하였는데 우리나라 백제를 통해서 문물을 전수해 가서 지금은 우리보다 훨씬 우수하고, 썩어 빠진 과거제도가 일본에는 없어서 지금은 그들의 문학이 우리나라보다 훨씬 앞서 있으니 얼마나 부끄러운 일인가"라며 통탄하고 있다.

누구보다 인재의 소중함을 알고 있는 다산으로서 아무리 유배지에 있다고 할지라도 자신의 학문을 함께 나누고 가르칠 인재를 키우는 일을 소홀히 할 수는 없었다. 이런 생각으로 시작한 가르침이 유배 18년 동안 이어져 3개의 그룹을 배출했다. 첫째가 유배 조기 사의재에 있을 때 주로 아전들의 자제들로 6명이다. 두 번째 그룹은 다산초당 제자들로 18명이다. 세 번째는 다신계절목에 나오는 전등계의 스님들로, 함께 학문적으로 교류한 사람들이다.

첫 번째 제자들은 강진읍내 아전들의 자식으로, 귀양 온 지 1년만인 1802년 10월에 서당을 열었다. 제자들을 모아 자신의 학문을 함께 배우고 가르치는 것이 절실했다. 절실한 만큼 제자들에 대한 가르침도 남달랐다. 나라와 백성을 위한 실용적 학문을 열심히 가르쳤고, 제자들도 열심히 따라왔다. 이런 제자들을 위하여 다산은 맞춤형 학습 교재를 개발하였다. 그것이 바로 『아학편』으로 『천자문』이 가지고 있는 단점을 보완하여 제자들이 보다 쉽게 이해하며 배울 수 있도록 엮은 책이다. 『아학편』은 실생활 속의 경험과 구체적인 대상물을 실제적인 사물 인식의 바탕 위에서 인식하고 이해할 수 있도록 엮은 맞춤형 한자 학습서이다.

제가 편집한 『아학편(兒學編)』 2권은 2천 글자를 한도로 하여
상권(上卷)에는 형태가 있는 물건의 글자를,
하권에는 물정(物情)과 사정(事情)에 관계되는 글자를 수록하였으며,
여덟 글자마다 『천자문(千字文)』의 예(例)와 같이
1개의 운(韻)을 달았습니다만 어떻는지 모르겠습니다.

_중씨께 올림 신미(1811년, 순조 11년, 선생 50세) 겨울,
『다산시문집』 제20권

상권에는 구체적인 명사나 자연계·자연현상·실제적 현상에 부합하는 유형적인 개념을 담았고, 하권에는 추상명사·대명사·형용사·동사 및 계절·기구·방위개념 등의 무형적인 개념을 수록하였다. 다산은 이렇게 낡은 방식의 교재나 교육을 물리치고 스스로 대안을 찾아 새롭게 제자들을 가르쳤다. 강진읍내에서 4년을 가르친 제자가 6명으로 다산계절목에서 '읍성제생좌목'이라고 지칭한 손병조, 황상, 황경, 황지초, 이청, 김재정이다. 제자들 중 황상은 다산이 죽는 날까지 스승의 가르침을 따랐고, 조선 시대 학자로 명성을 날렸다.

두 번째는 다산초당 제자들이다. 1808년 다산은 다산초당으로 거처를 옮기면서 새로운 제자들을 가르치기 시작하였다. 여기서는 양반집 자녀들을 가르쳤는데, 본격적인 경학을 중심으로 새로운 학문을 배우고 익히도록 하였다. 다산은 4서 6경을 바탕으로 새롭게 경학을 해석하면서 제자들과 함께 본격적으로 책을 저술하기 시작하였다.

다산의 5대손인 정규영이 편찬한 『사암선생연보(俟菴先生年譜)』의 서문을 보면 "다산 선생은 20년간 우울하게 강진에 계시면서 애써 외골수로 연마하셨으니, (중략) 제자들 중 경서를 열람하고 역사를 고증하는 자 몇 사람, 구술하면 받아 적기를 나는 듯이 하는 자 수삼인, 원고를 옮겨 적고 정서하는 자 수삼인, 곁에서 조역하는 자 삼사인"이라고 하였다. 다산은 제자들 적성에 맞는 역할을 주어 완전 분업 형태로 자신이 연구한 것들을 함께 한 권 한 권 저술하며 쌓아가기 시작하였다. 이렇게 쌓은 다산의 600여 권의 책을 '다산학'이라

한다. 이 책의 대부분은 다산초당에서 제자들과 함께 협업으로 저술하였다.

세 번째는 1818년에, 다산 자신이 해배되어 돌아가더라도 제자들끼리 관계를 유지하도록 만든 다산계절목에 나오는 스님들이다. 이처럼 다산은 그가 머물렀던 곳에서 가르침을 통해 학술집단을 형성하였는데 이를 후세에 '다산학단'이라 하였다. 다산학단은 다산이 1801년부터 1818년까지 강진에서 유배기 동안에 함께 가르치고 배우며 저술 활동을 했던 제자, 친인척, 승려들을 포괄적으로 일컫는 말이다. 다산은 18년 동안 유배지 강진에서 아전의 자식들, 양반집 자식들, 승려 등등 다양한 분야의 인재를 통하여 자신의 학문을 부지런히 가르쳤다. 그리고 그들과 함께 경학과 경세학을 저술하여 후세에 못다 이룬 꿈이 이루어지길 바랐다. 이런 훌륭한 제자들이 없었다면 오늘날 다산의 독창적 학문인 다산학은 존재할 수 없었을 것이다. 혼자서 600여 권의 책을 저술한다는 것은 상상할 수가 없다.

이들은 다산의 가르침에 따라 경서는 물론 중국과 조선의 사서 및 여러 문집을 읽고 사례를 찾아내 분류, 정리하고 깨끗하게 필사했다. 다산이 이를 최종적으로 정리, 편집하여 한 권의 책으로 엮었다. 그뿐만 아니라 다산의 제자들도 다양한 독자적인 저술을 남겼다. 대표적으로 이청의 『정관편』, 정학유의 『시명다식』, 윤정기의 『시경강의 속집』, 황상의 『치원유고』, 이시헌의 『자이집』, 아암의 『아암집』, 의순의 『초의대사전집』, 이가회의 『유암총서』 등이 있다.

다산의 이러한 인재양성은 학문적으로 취약한 지역에 도움을 주었으며, 지방에 새로운 학문적 그룹이 형성되는 데 기여했다. 특히 다산과 다산학단을 통하여 중앙과 지방의 문학적 교류를 형성하는 계기도 마련하게 되었다. 조선 땅끝 유배지의 메마른 대지에 파릇파릇 돋기 시작한 새싹을 보며 다산은 작은 미소를 지었다. 이 싹들이 조선의 미래를 빛내는 조그만 등불이 되길 바라며 다산은 마음속으로 미소를 지었다.

『다산학단』
- 강진읍중 제자들

이 름	내 용
손병조	어릴 때의 이름은 준엽이다.
황상(黃裳) (1788~1863)	어릴 때의 이름은 산석, 자는 제불이다. 호는 치원처사이다. 만년에는 대구 일속산방에 살았다. 『치원유고(巵園遺稿)』『치원총서(巵園叢書)』『치원소고(巵園小藁)』『치원진완(巵園珍玩)』
황경(黃褧) (1792~1867)	어릴 때의 이름은 안석, 호는 취몽재이다. 『양포총서(襄圃叢書)』『양포일록(襄圃日錄)』『승귀제투(勝歸除套)』
황지초(黃之楚) (1793~1843)	어릴 때의 이름은 완담, 호는 연암이다.
이청 (1792~1861)	어릴 때의 이름은 학래이고 자는 금초이다. 대동수경을 정약용과 공저하다시피 했고 정약전의 현산어보에도 정약용의 지시로 안설을 붙였다. 정관편(井觀編, 필사본 8권 3책), 『사대고례(事大考例)』26권 10책(공저), 『학림장고(鶴林掌考)』
이재정(金載靖)	어릴 때의 이름은 상규(尙圭)이다.

– 다산초당 제자들

이름	나이	내용
이유회	1784. 35세	자는 인보, 본관은 광주. 진사이며 부친은 이기준, 조부는 이상희, 증조는 이해석, 백운처사 이보만의 5대손이다. 아들은 이병렴
이강회	1789. 30세	자는 굉보, 본관은 광주. 서회, 진회, 경회 세 아우가 있다.
정학가	1783. 36세	자는 치기, 다산의 맏아들. 뒤에 학연으로 개명하였으며, 자는 치수, 호는 유산이다.
정학포	1786. 33세	자는 치구, 다산의 둘째 아들이며 학유로 개명하였다.
윤종문	1787. 32세	자는 혜관, 해남 연동의 공재 윤두서의 아들 윤덕희의 둘째아들 청고 윤용의 손자이다.
윤종영	1792. 27세	자는 배연, 진사이다. 호는 경암 공재 윤두서의 다섯째 아들 윤덕렬의 손자 윤지충의 계자이며, 다산의 외종이다.
정수칠	1768. 51세	자는 내칙, 본관은 영광. 호는 연암인데 다산이 지어주었다. 장흥 반산에 거주함
이기록	1780. 39세	자는 문백, 본관은 광주
윤종기	1786. 33세	자는 구보, 본관은 해남. 행당 윤복의 10대 종손

윤종벽	1788. 31세	자는 윤경, 본관 해남. 호는 취록당이며 종정에서 종억으로 개명함
윤자동	1791. 28세	자는 성교, 본관은 해남. 호는 석남이며 진사이다. 족명은 일동. 아들 윤주섭의 자는 기단이며 손자는 윤조하
윤아동	1806. 13세	자는 예방, 본관은 해남. 호는 율정이며 아들 윤형섭, 손자 윤주하, 윤순하
윤종심	1793. 26세	자는 공목, 본관은 해남. 호는 감천으로 일명 동(峒)이며 족명은 종수이다.
윤종두	1798. 21세	자는 자건, 본관은 해남
이택규	1796. 23세	자는 백홍, 본관은 평창. 진사 이승훈의 아들이며 이승훈은 사교의 죄로 처형. 조부는 이동욱이며 동생은 참봉 이신규. 아들 재겸으로 세 사람은 모두 무진년에 장살되었다.
이덕운	1794. 25세	자는 서향
윤종삼	1798. 21세	자는 기숙, 본관은 해남. 호는 성헌이며 종익으로 개명
윤종진	1803. 16세	자는 금계, 본관은 해남. 호는 순암이며 진사이다.

_다신계 절목, 다산 정약용(강진과 다산 양광식 역)

– 기타 제자들

이름	내용
아암(兒庵)	본호 연파(蓮坡), 『아암집(兒庵集)』 3권 1책
혜장(惠藏, 1772~1811년)	
수룡(袖龍)	
색성(賾性, 1777~1806년)	
철경(掣鯨) 응언(應彦)	
기어(騎魚) 자굉(慈宏[慈弘])	
침교(枕蛟) 법훈(法訓, ?~1813년)	
일규(逸虬) 요운(擾雲)	
초의(草衣) 의순(意恂, 1786~1866년)	『초의시고(草衣詩藁)』 2권 『선문사변만어(禪門四辨漫語)』 1권 『이선래의(二禪來儀)』 1권 『일지암문집(一枝庵文集)』 2권 『동다송(東茶頌)』 『초의선사전집(艸衣禪師全集)』
호의(縞衣) 시오(始悟, 1778~1868년)	
철선(鐵船) 혜즙(惠楫, 1791~1858년)	『철선소초(鐵船小艸)』 1권

백성이 주인인 세상을 꿈꾼 다산

"뜰에서 춤추는 사람이 64인인데, 이 가운데서 1인을 선발하여 새 깃으로 만든 의장을 잡고 맨 앞에 서서 춤추는 사람들을 지휘하게 한다. 의장을 잡고 지휘하는 자의 지휘가 음악의 흐름에 잘 맞으면 모두들 존대하여 '우리 무사님' 하지만, 지휘가 잘 맞지 않으면 모두들 그를 끌어내려 다시 전의 반열로 복귀시키고 유능한 지휘자를 재선하여 올려놓고 '우리 무사님' 하고 존대한다. 끌어내린 것도 대중(大衆)이고 올려놓고 존대한 것도 대중이다. 대저 올려놓고 존대하다가 다른 사람을 올려 교체시켰다고 교체시킨 사람을 탓한다면, 이것이 어찌 도리에 맞는 일이겠는가."

_탕론(湯論),
『다산시문집』 제11권

나라의 주인은 백성이다. 노예나 다름없는 백성들을 바라보며 "백성을 백성답게 중심에 세워야 한다"라는 생각을 하였다. 다산학 속에 함축된 다산정신도 '주인정신과 위국애민정신에서 드러난 소통, 청렴, 공정, 탐구, 창조, 개혁'으로 핵심은 주인정신이다.

다산은 탕론에서 "끌어내린 것도 대중이고 올려놓고 존대한 것도 대중이다. 대저 올려놓고 존대하다가 다른 사람을 올려 교체시켰다고 교체시킨 사람을 탓한다면 이것이 어찌 도리에 맞는 일이겠는가"라고 하여 백성이 주인이라는 것을 명확히 밝히고 있다. 주인정신은 주체성과 사랑이 결합된 개념으로 주체성은 주인으로서의 자아가 확립된 것을 말하고, 사랑은 다산의 신앙적 기초인 천주교의 성경 속에서 그 본질을 찾을 수 있다.

다산은 시경(詩經)을 통해 분명히 창조주가 있음을 확인하였고, 그것이 '천(天)', 즉 상제(上帝)이며 상제는 세상만사를 주재하는 자라고 보았다. 만물의 근원인 '천', 즉 상제는 결코 주자의 리(理)와 같은 자연 만물을 지배하는 법칙이나 원리가 아니라 '위격(位格)'을 갖춘 윤리적이며 신적인 존재였다. 우리를 굽어보고 재앙과 행복을 가려주는 이러한 천, 상제를 성심으로 경외하여 섬겨야 한다고 생각했다.

특히 다산은 "이 세상을 주관하는 것은 인간이 아니고 무엇이겠는가? 하늘이 세상으로써 한 집안을 삼게 하여 사람으로 하여금 선(善)을 행하게 하고, 해와 달과 별 초목과 금수는 이 집안에서 잘 살도록 도움을 주는 물건이다"라고 하였으며, 또 "하늘이 사람에게 자주의

권한을 부여하여 인간으로 하여금 착한 일을 하고 싶으면 착한 일을 할 수 있게 하고, 악한 일을 하고 싶으면 악한 일을 할 수 있게 하였으니 옮겨질 수 있어 고정적이지는 않으나 그 권한은 자기에게 있다"라고 하여 인간은 세상의 주관자이고 인간에게는 자기의 행위를 결정할 수 있는 자주권이 있다는 것을 주장하였다. 따라서 백성들이 주체적 결단을 통하여 백성답게 살 수 있는 윤리성과 책임감을 갖도록 강조하였다.

또 다산은 원목을 통해서도 "목민관이 백성을 위해서 있는 것인가? 백성이 목민관을 위해 있는 것인가?"라는 질문을 통해 백성을 다스리는 임금이나 목민관들의 지배를 받고 있는 백성의 관계에 대하여 본질적인 통치체제를 터치하였다. 다산은 분명하게 이야기하였다.

다산은 "목민관이 백성을 위해 있는 것이지, 백성이 목민관을 위해 있는 것은 절대 아니다"라고 하며, 백성과 목민관의 관계에 있어서 어떤 것이 본질적인 관계인지를 명쾌하게 확인하였다.

그러면서 억압이나 지배 관계가 아닌데도 주인인 백성들이 거꾸로 착취와 고통을 당하고 있는 현실에 대해서 다산은 분노를 느끼고 있었다.

"목민자(관료)가 백성을 위해서 있는 것인가, 백성이 목민자를 위해서 있는 것인가? 백성이 좁쌀과 실을 생산하여 목민자를 섬기고, 또 임금이 타는 수레와 말을 종을 내어 목민자를 전송도 하고 환영도 하며, 또는 피땀과 침과 골수를 짜내어 목민자를 살찌우고 있으니, 백성이 과연 목민자를 위하여 있는 것일까? 아니다. 그건 아니다. 목민자가 백성을 위하여 있는 것이다."

_원목(原牧),
『다산시문집』 제10권

다산은 주인이 주인 대접 받을 수 있는 세상을 만드는 것이 조선의 리더로서 책무라고 생각했다. 그래서 피폐한 백성들이 좀 더 자주적이고 독립적이며 자유롭고 편안한 삶을 살아갈 수 있길 간절히 바랐다. 하지만 그것도 마음뿐, 당시 다산이 할 수 있는 일은 경전의 고전을 찾아 백성들과 목민관의 관계를 다시 확인하는 일, 그리고 그 관계는 본연으로 돌아가야 한다고 주장하는 일뿐이었다.

다산은 주인이 주인답게 되고서야 비로소 진정한 조선의 개혁이 이루어진다고 생각했다. 다산은 이런 생각에서 원목을 찾아 목민관이 백성을 위해 존재한다는 근원적인 관계를 확인하였다. 백성을 위해 봉사해야 할 관료의 탐욕과 부패로 백성이 착취당하고 고통받는 현실을 해결하기 위해 목민관의 책임과 의무를 강조하였다.

다산정신의 핵심은 주인 정신이다. 즉, 다산은 백성이 주체적으로 영명성을 갖고 백성으로서 주도적으로 역할을 다할 수 있어야 한다고 주장하였다. 다산은 '영명성'이란 천지 만물 가운데 유일하게 인간만이 갖추고 있는 특성이라고 언급하며, 인간을 다른 것과 구별된 존재로 재해석하였다. 다산은 인간의 인격적 존재를 바탕으로, 하늘은 물론 나라의 근본도 백성이며, 목민관도 백성을 위해서 존재한다고 주장하였다. 그리고 이러한 인간의 본질이 깡그리 무시되어 위축된 백성들이 당당하게 주인답게 살아갈 수 있는 세상을 만들고자 하였다.

나약하고 비루한 존재로서 굶주리며 시달리는 백성이 아닌, 주인다운 백성으로 거듭나길 꿈꾸었던 다산이었다.

인간다운 삶을 제시한 다산

  당시 조선은 그동안 내부적으로 누적된 문제들로 인해 극심한 혼란이 지속되었고, 외부적으로는 천주교가 전래되면서 새로운 서양문물이 흘러들어 조선 사회의 전통적 가치가 통째로 흔들리던 때였다. 민생은 극도로 혼란하였으며, 종교적으로는 새로운 천주교와 기존의 유교와의 갈등이 심화되었으며, 서학의 도입과 신문물에 따른 사상적 다양성도 제기되고 있었다.

  정치적으로는 극심한 당쟁의 대립으로 분열의 골이 깊었고, 관료의 부패는 민란을 초래할 만큼 극심한 착취와 부패로 얼룩진 상황이었다. 이제까지 조선 사회를 이끌어 오던 통치 원리이자 가치 기준이었던 사상인 성리학이나 주자학의 세계관을 리모델링하지 않으면 아무리 수선하고 보수해도 모래 위에 집 짓는 일이라 생각했다. 새로운 시대 정신 없이는 조신은 물론 백성들의 삶에 희망이 전혀 없다고 생각했다.

다산은 이런 고민 속에서 자신이 해야 할 역사적 책무가 무엇인가를 일찍이 알고 있었다. 그래서 유배 기간을 여가로 생각하면서 이제까지 자신이 못다 한 연구를 통하여 새로운 조선, 백성이 백성답게 사는 세상을 만들기 위한 기초를 세워야겠다는 마음으로 4서 6경을 재해석하고, 일표이서인 경세학을 저술하였다.

4서 6경의 경학을 바탕으로 다산은 자신만의 새로운 정신적 사상과 가치를 다져 독창적이고 혁신적으로 경학을 재해석하였다. 그 재해석 가운데 인간에 대한 재해석은 다산의 인간관을 그대로 나타낸다. 인간관계란 사람이 살아가는 가장 일상적이고 구체적인 모습으로 인간과 인간의 '만남'이라고 하였다. 그래서 만남을 잘하는 것이 곧 인간관계의 사회적 규범인 인륜이라고 하였다. 다산은 이 '만남'이 공자가 말하는 '서(恕)'로서 바로 자기 마음을 남의 마음과 일치시켜가는 것이라고 하였다. 즉 내 마음이 곧 이웃의 마음이라는 것이다. 내가 싫으면 남도 싫다는 것을 바탕으로 인간이 인간답게 살 수 있도록 하자는 것이다.

다산은 인간관계의 기본 덕목을 '인(仁)'이라고 하였다. '인'은 인간의 인간에 대한 사랑으로 그것이 곧 사회 공동체가 성립할 수 있는 사랑 즉, '이웃을 위한 사랑'이라 하였다. 또 다산은 인(仁)이란 인(人)과 인(人)이 중첩된 글자로 "사람과 사람이 그 본분을 다하는 것이 '인(仁)'이다"라고 하였다.

또 다산은 '중용'에서 상제(天)의 존재와 인간 심성의 관계를 해석하였다. 인간의 행위를 감시하는 주재자로서 상제의 존재를 인정하고, 인격적 존재로서의 상제를 선명하게 부각하였다. 이로써 사람이 사람과의 관계를 통해서 소통하며, 좋은 관계를 맺는 것이 사람 사는 세상을 만들어가는 기본임을 깨우치게 하였다.

세상은 뒤숭숭하고 정치는 당쟁으로 멍들어가고 백성들은 굶주림으로 피폐해져 가는 현실을 바라보면서 다산은 무엇보다 사람이 사람다워야 한다고 생각하였다. 그것의 바탕은 사랑이어야 한다는 것을 생각하며 인간의 인간에 대한 사랑을 주장하였다. 그뿐만이 아니라 다산은 인간을 '하늘과 소통한 존재'로 인식하면서 사물과 차별화를 하였다.

또 주자가 인간과 만물 사이에 '성(性)'과 '도(道)'는 기본 바탕이 같은 것이라고 하였으나, 다산은 인간의 능력은 살아 움직이는 것이고 짐승의 능력은 일정한 것이어서 그 차별성이 확실하다고 주장하였다. 이처럼 다산은 주자가 '중용'으로 인간과 만물을 한 통으로 분류하고 있는 것에 반해 이를 오로지 인간의 문제로 해석하고 있다. 다산은 주자학에서 제시하는 하늘과 땅과 사람(천, 지, 인)의 유기적 일체관을 깨뜨리고 하늘을 섬기는 신앙적 인간, 땅(만물)을 이용의 대상으로 생각하는 실용적이고 주체적인 인간으로 차별화하였다.

다산은 인간을 하늘을 두려워하는 인간, 개체의 자율성을 지닌 인간, 물질적 자연을 이용하는 인간이라는 새로운 우주적 질서 속의 인간관으로 차별화하였다. 다산은 이러한 새로운 인간관을 바탕으로 백성이 백성다운 세상을 살아갈 수 있는 새로운 사상적 개혁을 위하여 4서 6경을 재해석한 것이다. 이것을 바탕으로 나라다운 나라가 되고 백성이 백성답게 살아갈 수 있도록 1표 2서를 저술하였다. 다산은 유교 경전을 재해석한 『경학』과 정치, 경제, 경제, 법률의 영역까지 국가개혁을 위한 『경세학』을 통하여 사상적 바탕 위에 개혁과 실천을 위한 구체적 매뉴얼까지 저술하였다. 다산의 『경세유표』, 『목민심서』, 『흠흠신서』는 국가개혁과 백성을 위한 목민관들의 복무 매뉴얼이다.

우리 시대는 경제적 빈곤을 극복하고 제4차 산업혁명이란 새로운 시대적 변환기를 맞이하고 있다. 고도의 놀라운 성과는 물론 풍요 속의 빈곤이라는 또 다른 사회적 이슈를 떠안고 있다. 그뿐만 아니라 도덕적·정신적으로 절제를 잃은, 극도의 개인주의와 불확실한 사회 속에서 한 번도 경험치 못한 코로나 바이러스와 그로 인한 불안과 초조의 시대를 맞이하고 있다. 200여 년 전 인간의 기본을 재해석하며 인간다운 삶이 무엇인가를 가르쳐준 다산의 지혜가 그 어느 때보다 절실하다. 팬데믹이라는 불확실한 시대일지라도 인간다운 삶의 기본은 바로 인간에 대한 사랑이라는 다산의 가르침이 더욱 절실한 지금이다.

책을 마치며: 시련과 고통에는 반드시 끝이 있다

고난은 삶의 진주를 만든다

회오리바람은 아침 내내 불지 못하고, 소나기는 종일 내리지 못한다는 노자 도덕경에 나오는 이야기가 있다. 그리고 육체는 풀이요, 그 아름다움은 꽃이라, 풀은 마르고 꽃은 시들어도 하나님의 말씀은 영원하다는 성경 구절이 있다. 아마도 다산은 일찍이 유학과 서학을 통해서 이러한 자신만의 믿음이 있었기에 평정심을 찾을 수 있지 않았을까 생각된다. 왜냐면, 너무나도 급작스럽게 하루아침에 당한 일이라 어떻게 해야 할지 누구도 쉽게 가늠할 수 없는 상황이었기 때문이다. 그런 상황에서도 다산은 차분하게 지난 세월을 회고했고, 자신이 처한 현실을 수용하면서 마음의 평정심을 찾았다. 다산은 끝없는 시련과 고통스런 유배라 할지라도 언젠가는 끝이 보일 거라는 믿음을 갖고 있었던 것이 아닐까? 만약에 다산이 평정심을 잃고 18년이란 유배 생활을 보냈다면 어떻게 되었을까? 가정해 본다면 아마도 다산은 역사 속에 흔적도 없는 역적 죄인으로 남았을 것이다. 하지만 다산은 이런 일이 일어나지 않도록 자식들에게 신신당부하였다. 즉, 폐족이라 할지라도 학문을 이루어 집안을 일으켜 세워야 죄인으로 낙인찍히지 않는다고 하였다. 그러기 위해 자신도 끊임없이 4서 6경을 연구하고, 글을 쓰고, 제자를 육성했다. 다산은 이세아 띠가를 얻었다며 유배 생활을 못다 한 학문을 연구하는 연구 기간으로 생각했다.

오늘날 우리 모두가 팬데믹으로 너무나 많은 시련과 고통을 겪고 있다. 다산의 유배 생활과 비교할 수는 없겠지만 너무나 급작스런 변화로 닥친 불안과 초조, 우울함은 아마도 그때나 지금이나 다를 바가 없을 것이다. 그런 상황에서 어떻게 우리들이 평정심을 찾고 앞으로의 삶을 펼쳐 나아가야 할 것인가는 다산이 겪은 시련과 고난, 불안과 초조라는 심리적 상황을 타산지석으로 삼아 알 수 있을 것이다.

극한 상황 속에서도 "소싯적에는 학문에 뜻을 두었으나 20년 동안 세상살이에 빠져 다시 훌륭한 학문적 큰길이 있는 것을 알지 못하였는데 지금 여가를 얻게 되었다"라는 다산의 글 속에서 우리는 과연 지금 어떤 생각을 하고 어떤 마음가짐을 가져야 할까?

변화와 창조를 품은 지혜의 숲

다산의 학문은 깊고 넓어서 망망대해와도 같다. 금장태 교수는 "다산의 학문 세계는 워낙 큰 산줄기라서 끝이 보이지 않을 만큼 무수한 봉우리들이 이어져 있고 깊은 골짜기가 사방으로 뻗어 있다"라고 하였다. 그래서 어느 골짜기를 올라가 보아도 전체의 모습은 짐작하기조차 어렵다고 하였다. 그만큼 다산학은 그 자체로 창의적이고 다양하고 풍부한, 깊고 넓은 지혜의 숲이라는 것을 이야기하고 있다.

그렇다면 과연 우리들은 다산의 지혜의 숲에서 무엇을 보고 배울 수 있을까? 다산정신과 사상은 시대를 초월하여 지속적인 가치를 반영하고 있다. 오늘날 우리에게 던져준 가장 중요한 지혜의 빛은 무엇보다 탁월한 창조적 사유를 통하여 물질 만능의 경제생활과 정신적 도덕 문화의 조화를 통한 균형 있는 사회적 가치관이다. 그리고 인간에 대한 사랑과 인간관계의 결합에 기반하는 공동체 사회이다.

팬데믹 시대, 이 어려운 상황은 혼자서는 해결할 수 없다. 아무리 물질적으로 풍요롭고 개인적 자유가 보장된 사회라 할지라도 기초 공동체인 가족은 물론 우리 사회의 공동체적 가치를 추구하지 않으면 공존할 수 없는 불확실한 사회다. 200여 년 전 다산은 이미 18년의 시련과 고난 속에서도 600여 권의 저술을 통하여 위국애민의 실학을 집대성하여 오늘을 살아가는 우리들에게 어떤 사회를 만들어 살아가야 할 것인가를 제시하고 있다. 그런 다산이 만약 지금 우리에게 어떻게 사냐고 물으면 뭐라고 답을 해야 할까? 우리는 올바른 사회를 만들어나가고 있는 것일까?

지금 여기가 최고

최근 벌어지고 있는 세계적인 팬데믹 사건은 우리들의 삶을 송두리째 바꾸어 놓았다. 물질적으로 풍요롭고 사람들의 욕구도 다양한 이 시대에, 우리는 다양성을 추구한답시고 온갖 만물을 다스리며 맘껏 누리고 살아왔다. 누리고 다스림에는 기본 원칙이 있어야 하지만, 이제껏 우리는 과욕과 오만으로 무조건적인 개발과 파괴를 감행했다. 지구라는 생명체를 생명체라기보다는 개발의 대상으로 보아 무차별적으로 개발하고 무너뜨린 것이다. 그 결과 지구가 멍들고 환경이 파괴되면서 자연 질서가 급변하고 있다. 그 가운데 발생한 팬데믹은 우리들의 지난 과거의 행태를 되돌아보게 하였다. 모두가 지금 우리가 누리고 있는 것에 감사와 충만보다는 저 멀리 있는 것에 대한 과욕과 오만으로 불안, 초조, 우울증을 자초한 것이다.

다산은 일찍이 이런 인간상들에 대한 시를 써 놓았다. 흔히 '지금 여기(Now & Here)'라는 이야길 자주 한다. 보통은 아무런 의미 없이 하는 말이지만 그 속엔 엄청난 의미가 담겨 있다. '지금 여기'는 우리가 당하고 있는 지금의 시련과 고난을 이겨낼 수 있게 해 주는 최고의 보약인 것이다.

지나간 일은 좇을 수가 없고
미래의 일은 기약할 수가 없다.
그렇다면 천하에 지금 이 상황보다 더 즐거운 때는 없다.

그런데도 백성들 중에는 오히려 좋은 수레와 말을 수고롭게 하고 논밭을 탕진하면서 즐거움을 구하는 자가 있다.

땀이 흐르고 숨이 차는데도 종신토록 미혹되어서
오직 '저것'만을 바라고 '이것'이 누릴 만한
즐거운 것임을 모른 지가 오래되었다.

_어사재기(於斯齋記), 『다산시문집』 제13권

망망대해에 고깃배 하나

막상 '책을 마치며'를 쓰다 보니 마치 내가 망망대해에 떠 있는 고깃배와 같은 느낌이 든다. 다산의 깊고 넓은 망망대해와 같은 학문의 세계를 겨우 새의 눈으로 들여다본 것을 가지고 책을 쓴다는 것이 어찌보면 하룻강아지 범 무서운 줄 모르고 덤비는 것과도 같다는 생각이다. 하지만 다산의 실용적인 사상과 소통, 청렴, 공정, 탐구, 창조, 개혁이라는 다산정신의 가치를 하나하나 들여다보면 못 쓸 것도 아니라는 용기를 내게 되었다. 왜냐면, 다산은 학문은 실생활에 적용해야 학문의 가치가 있다고 가르치고 있기 때문이다. 본인이 다산을 연구하면서 가장 마음속 깊게 새긴 것은 실용주의 실학이다. 입으로만 떠들지 않고 행동으로 옮겨 죽이 되든 밥이 되든 해봐야 알 수 있다는 것이다. 아무리 이론적으로 골프를 배운다 하더라도 필드를 나가보지 않고서 어찌 골프를 칠 수 있겠는가. 어린 시절 자전거를 배울 때 운동장에서 친구들과 함께 뒤에서 받쳐주고 잡아주면서 넘어져 무릎이 깨지고 하다가 어느 날 혼자서 자전거를 타고 있었넌 일이 생긱닌다.

이런 마음가짐으로, 비록 새의 눈으로 다산의 넓고 깊은 망망대해 같은 지혜의 숲을 거닐며 비록 몇 마리 잡은 고기라 할지라도 함께 나누며 지금의 시련과 고난을 이겨 낼 수 있는 마음의 평정심을 조금이라도 찾을 수 있다면 그것이 바로 다산 선생께서 바라는 일이 아니겠는가 하는 생각에서 감히 이렇게 책을 엮을 수가 있었다. 또한 이렇게 글을 쓸 수 있었던 것은 다산 전문가님들의 책과 특히, 한국고전번역원의 고전번역문들이 새의 눈으로 더욱더 크게 볼 수 있도록 해주신 덕분이라고 할 수 있다. 이에 감사드린다.

서두르지 않고 견디며 소망을

시련과 고난의 아이콘 다산!

유배 18년을 서두르지 않고 견디며 새로운 마음가짐과 평정심으로 소망을 이루어 마침내 유배에서 풀려 고향으로 돌아왔다. 처절한 절망까지 왔다 갔다 했지만 결코 좌절하거나 아무런 소망 없이 죽음만을 기다리지는 않았다. 소소한 것에 얽매이지 않고 그 시련과 고난 속에서도 현실을 수용하며 더 어렵고 힘든 나라와 백성을 긍휼의 마음가짐으로 바라본 다산. 그것은 유배를 절호의 기회로 승화시킨 다산의 위대한 인간 승리였다.

힘들고 어려워도 혼자 웃으며, 긍정의 힘으로 기나긴 세월을 견디며 소망을 이룬 다산의 심정은 '혼자 웃다[獨笑]'라는 시에 잘 나타나 있다.

곡식 있어도 먹을 사람 없는가 하면

자식 많은 자는 배고파 걱정이고

높은 벼슬아친 꼭 바보여야 한다면

영리한 자는 써먹을 곳이 없지

온갖 복을 다 갖춘 집 적고

최고의 길은 늘 쇠퇴하기 마련이야

아비가 인색하면 자식은 방탕하기 쉽고

아내가 지혜로우면 사내는 꼭 어리석으며

달이 차면 구름이 자주 끼고

꽃이 피면 바람이 망쳐놓지

천지만물이 다 그렇고 그런 것

혼자 웃는 걸 아는 사람이 없네

_혼자 웃다[獨笑], 『다산시문집』 제5권

상자 속에 갇힌 다산이 아니라 상자 밖으로 나와 현실을 냉철히 바라본 다산의 위대함이 나타난 시이다. 이러한 다산의 모습은 유배 18년의 시련과 고난 속에서 펴낸 600여 권의 책 속에 고스란히 스며 있다. 현실을 부정하기보다 "꽃이 피면 바람이 망쳐놓는 천지만물을 바라보며 세상은 다 그렇고 그런 것"이라며 혼자 껄껄 웃으며 서두르지 않고, 결국 소망을 이룬 다산의 모습이 바로 우리에게 절실한 모습이 아닐까?

다산의 평정심 공부

초판 1쇄 인쇄 2021년 7월 05일
초판 1쇄 발행 2021년 7월 12일

지은이 진규동
펴낸이 권기대

총괄이사 배혜진
편집팀 김준균, 송재우, 양아람, 차지호
마케팅 김지윤
경영지원 설용화
디자인팀 김창민
본문 디자인 당아

펴낸곳 베가북스 **출판등록** 2004년 9월 22일 제2015-000046호
주소 (07269) 서울특별시 영등포구 양산로3길 9, 2층
주문·문의 전화 (02)322-7241 팩스 (02)322-7242

ISBN 979-11-90242-90-5

＊ 책값은 뒤표지에 있습니다.
＊ 잘못된 책은 구입하신 서점에서 바꾸어 드립니다.
＊ 좋은 책을 만드는 것은 바로 독자 여러분입니다.
　베가북스는 독자 의견에 항상 귀를 기울입니다. 베가북스의 문은 항상 열려 있습니다.
　원고 투고 또는 문의사항은 vega7241@naver.com으로 보내주시기 바랍니다.
＊ 베가북스에 대한 더 많은 정보가 필요하신 분은 홈페이지를 방문해주시기 바랍니다.

vegabooks@naver.com　www.vegabooks.co.kr
   http://blog.naver.com/vegabooks　vegabooks　VegaBooksCo